Découvrez des Jeux Gratuits en Ligne

Disponible Ici :

BestActivityBooks.com/FREEGAMES

5 ASTUCES POUR DÉMARRER !

1) COMMENT RÉSOUDRE LES MOTS MÊLÉS

Les puzzles sont dans un format classique :

- Les mots sont cachés sans espaces, tirets, ...
- Orientation : Les mots peuvent être écrits en avant, en arrière, vers le haut, vers le bas ou en diagonale (ils peuvent être inversés).
- Les mots peuvent se chevaucher ou se croiser.

2) UN APPRENTISSAGE ACTIF

Un espace est prévu à côté de chaque mots pour noter la traduction. Pour favoriser un apprentissage actif un **DICTIONNAIRE** à la fin de cette édition vous permettra de vérifier et étendre vos connaissances. Cherchez et notez les traductions, trouvez-les dans le Puzzle et ajoutez-les à votre vocabulaire !

3) MARQUEZ LES MOTS

Vous pouvez inventer votre propre système de marquage. Peut-être en utilisez-vous déjà un ? Sinon, vous pourriez, par exemple, marquer les mots qui ont été difficiles à trouver d'une croix, ceux que vous avez aimés d'une étoile, les mots nouveaux d'un triangle, les mots rares d'un diamant, etc...

4) STRUCTUREZ VOTRE APPRENTISSAGE

Cette édition vous offre un **CARNET DE NOTES** très pratique à la fin du livre. En vacances ou en voyage ou à la maison, vous pouvez facilement organiser vos nouvelles connaissances sans avoir besoin d'un second bloc-notes !

5) VOUS AVEZ FINI TOUTES LES GRILLES ?

Allez à la section bonus **CHALLENGE FINAL** pour trouver un jeu gratuit à la fin de cette édition !

Simple et Rapide ! Découvrez notre collection de livres d'activités pour votre prochain moment de détente et **d'apprentissage**, à juste un clic de distance !

Trouvez votre prochain défi sur :

BestActivityBooks.com/MonProchainLivre

À vos marques, prêts... Partez !

Saviez-vous qu'il existe environ 7 000 langues différentes dans le monde ? Les mots sont précieux.

Nous aimons les langues et avons travaillé dur pour créer les livres de la plus haute qualité pour vous. Nos ingrédients ?

Une sélection des thématiques d'apprentissage adaptée, trois belles parts de divertissement, puis nous ajoutons une cuillère de mots difficiles et une pincée de mots rares. Nous les servons avec soin et un maximum de plaisir pour vous permettre de résoudre les meilleurs jeux de mots mêlés qui soient et d'apprendre en vous amusant !

Votre avis est essentiel. Vous pouvez participer activement au succès de ce livre en nous laissant un commentaire. Nous aimerions vraiment savoir ce que vous avez préféré dans cette édition !

Voici un lien rapide qui vous mènera à la page d'évaluation de vos commandes :

BestBooksActivity.com/Avis50

Merci pour votre aide et amusez-vous bien !

De la part de toute l'équipe

1 - Adjectifs #2

```
Z A N I M L J I V O S U O I R D
L V L A B Y A D E D L H D N N R
C U E Y A A S I L E A P G V R A
A S T P K K D V O S N A O I N M
И B K L O H R L D I O F V T J A
I C I N Z N P J J Y R V O K F T
И H I N R E O A T S I Č R U Z I
P P G D R E A S B U И T A D Z Č
P R I R O D N O N S I C N O K A
O O U И И Z E N V I T A E R K N
Z P D S P H R A C E A V C P A P
P D I M A V A Ć N H F O E S J U
O Y R S G Z D O C A Y N G T F И
Z G B A N A A M P O Z N A T O G
O И U A V I N A Č I T N E T U A
E L E G A N T A N A H C Z F R T
```

AUTENTIČAN
POZNAT
KREATIVNE
OPISNI
NADAREN
DRAMATIČAN
ELEGANTAN
PONOSNI
JAK
ZANIMLJIVO

PRIRODNO
NOVA
PRODUKTIVNI
MOĆAN
ČISTA
ODGOVORAN
ZDRAV
SLANO
DIVLJA
SUVA

2 - Formes

```
Y V P I P K M I C I L I N D A R
H U Z M E N L A V O P D D R E Z
P R I Z M E M T S I L U R E D S
И B I F D G И R M B C O K S I F
A И T L L T N O S И Z E I P M E
L S C R C Y I U A H И B N I A R
U O И И V P S G K N R M O L R I
K V A K L I P A O E H U A E I R
E S I T P M A O E K I J G K P I
M H Z K V A D R A T P G U A K E
P O L I G O N A N A E A O V O A
K P V S U A A H A L R M V S L A
S O E И R H U Z R S B N A E H F
S I C F K P P D T I O Z R O E M
E M P K C M M N S И L U P T Z I
A J D C A K R I V E A M P U C U
```

LUK

IVICE

KVADRAT

KRUG

UGAO

KRIVE

KLIP

STRANA

KOCKA

CILINDAR

ELIPSE

HIPERBOLA

RED

OVALNE

POLIGONA

PRIZME

PIRAMIDE

PRAVOUGAONIK

SFERI

TROUGAO

3 - Force et Gravité

```
O O S E K I Z I F C P C M M O P
Z O G F Ć G R N A H A V A A R O
P V P Y R I U N K D N T G L B K
A R O D M P R T Y Z L H N H I R
Z V I E D M E K I N A H E M T E
U R B T S P Z D T U Z U T S U T
D E P B I F S P E O R O I V N U
A M K U D S D P C Z E A Z O P J
L E S P S Z A A L M V E A J F U
J U T I C A J K L A I Y M S E H
E Z A J H G G Y K J N A D T D G
N A Č I M A N I D N U E F V T H
O T E Ž I N A F N E H B T A M P
S B R Z I N A O S R A T N E C E
T N P S S Z D N M T E N N D S A
N P A P S E K S P A N Z I J A U
```

OSE
CENTAR
OTKRIĆE
UDALJENOST
DINAMIČAN
EKSPANZIJA
TRENJA
UTICAJ
MAGNETIZAM
MEHANIKE

POKRETU
ORBITU
FIZIKE
PLANETE
TEŽINA
PRITISAK
SVOJSTVA
VREME
UNIVERZALNA
BRZINA

4 - Adjectifs #1

```
A  S  A  V  R  Š  E  N  O  J  C  B  O  I  V  E
P  M  P  I  G  J  V  R  P  K  N  E  A  S  E  G
E  O  B  S  P  O  R  O  T  A  N  A  K  K  L  Z
L  G  I  I  N  D  U  D  P  P  A  N  U  R  I  O
I  R  T  I  C  M  Z  H  V  B  V  P  O  E  K  T
D  O  T  C  N  I  G  N  S  Y  I  A  C  N  O  I
E  M  P  E  J  P  O  J  A  J  T  P  A  E  D  Č
N  A  F  O  Š  U  E  Z  E  Y  K  S  R  P  U  N
T  N  T  A  P  K  N  I  A  N  A  O  O  H  Š  E
I  V  A  Ž  N  O  A  I  B  N  A  L  M  N  A  B
Č  U  M  E  T  N  I  Č  K  E  H  U  A  E  N  L
A  A  T  R  A  K  T  I  V  N  E  T  T  P  S  L
N  F  Y  S  A  A  R  U  U  M  N  I  L  O  I
N  E  V  I  N  U  V  E  N  D  L  E  Č  N  D  A
V  D  P  N  H  J  Z  J  B  A  A  V  N  N  J  Y
U  A  M  O  D  E  R  A  N  T  D  I  O  A  R  V
```

APSOLUTNE

AKTIVAN

AMBICIOZAN

AROMATIČNO

UMETNIČKE

ATRAKTIVNE

LEPA

EGZOTIČNE

OGROMAN

VELIKODUŠAN

ISKREN

IDENTIČAN

VAŽNO

NEVIN

MLAD

SPORO

TEŠKA

TANAK

MODERAN

SAVRŠENO

5 - Instruments de Musique

```
F F A G O T E K J L A R A D U T
P L Y И S M P L M U N A K H A R
A Š A R U B M A T O N A L M U O
V P N U J D Z V C N Z G A A S M
S I L C T A U I Y M C I R N P B
V A G S V A S R Y J U T I D T O
I K K A T A B T G A Z A N O R N
O I Y S F P I N E O S R E L U И
L N I P O E I D F K N A T I B C
O O F P Ž F N S Y U R G H N A J
N M E A D G O B U B A N J A M A
Č R A E N C U N V I O L I N U B
E A Z C E F R A H O B O U E B Z
L H E A B N J P R G J N T D C И
O D B N O Z U F E G L V J A M P
V L A S P U И И Z K Y P H B E N
```

BENDŽO	UDARALJKE
FAGOT	KLAVIR
KLARINET	BATAK
FLAUTA	SAKSOFON
GONG	BUBANJ
GITARA	TAMBURAŠA
HARMONIKA	TROMBON
HARFE	TRUBA
OBOU	VIOLINU
MANDOLINA	VIOLONČELO

6 - Herboristerie

```
P И И S B G K U L I N A R S K E
G L N T E T I L A V K F C R K A
D A Y C L И S P S I Y P G B P I
M H P N I R A M Z U R N C D S L
L Z B R L Š A F R A N Y A D I A
P D H I U O R I G A N O D N V V
N A N O K T G C V P L O A Z E A
G Č A R O M O K V P E R Š U N N
K O R I S T A N A E S E Y P E D
A A O H U U P D I R T M S P L E
J G J O K P E T N P J I K E U
L M A O U B F U S L T И И P Z D
I A M U T A E M B A Š T A R T Z
S P C U L S A R O M A T I Č N O
O D N N O G A R T S E C И S D G
B I S H O Z I S G A H P N E T O
```

BELI LUK
AROMATIČNO
BOSILJAK
KORISTAN
KULINARSKE
ESTRAGON
KOMORAČ
CVET
SASTOJAK
BAŠTA

LAVANDE
MAJORAN
NANE
ORIGANO
PERŠUN
KVALITET
RUZMARIN
ŠAFRAN
UKUS
ZELEN

7 - Véhicules

```
B Y Z N I N U A A P Y T O F T T
A I S P G E H A P V P V S M R A
P M C N J D И T F I R M N L A K
M A R I R A A G N O I M A K J S
C E O Y K A U T O B U S J G E I
I J T N K L V N I J F B K И K Y
C K K R O T O M V G H P N O T H
I A A L O K H H A K J Y H Č Z I
P N R R E T P O K I L E H A M T
P P T E A Y S V R H N M G M D N
Y P J T И V S P A D S U O A И U
V A J U Z C A J K H P G M C P C
V P D K A L S N E D L R A R E A
F B B S N G J P T F A K N B D N
V Y H B R R И R A E V E M N M И
P O D M O R N I C E B G Š A T L
```

HITNU	MOTOR
AVION	ŠATL
ČAMAC	GUME
AUTOBUS	SPLAV
KAMION	SKUTER
KARAVAN	PODMORNICE
TRAJEKT	TAKSI
RAKETA	TRAKTOR
HELIKOPTER	BICIKL
METRO	KOLA

8 - Camping

```
A F P G U G P P M J P A A И Z F
I N S E K T C R P A Ć E S I V E
J E Z E R O M I Y R P P K P C N
Z J P Z I C Z R T U B A M K C J
U N O R Š Y A O B T I G E N A E
I I O I E T Y D K N U C S E V R
L T V P Š P E A И A B R E P P E
H O N Š R Z P P I V S F C O J B
H V M N U E N I N A L P A Ž O U
A I C D J M M R E K U D P A E R
G Ž F C B S A A R O D H O R A Z
C C P B S M V B H P Y K N N J T
K O M P A S Š A T O R A O P K И
A C Z И Y И Z Z A C M N K M K Z
E U K A B I N E Z A И U R И V F
Z K B I U L P Z P E L O V P U A
```

ŽIVOTINJE
AVANTURA
KOMPAS
KABINE
KANU
MAPA
ŠEŠIR
LOV
KONOPAC
OPREMA

POŽAR
ŠUMA
VISEĆA
INSEKT
JEZERO
FENJER
MESEC
PLANINE
PRIRODA
ŠATOR

9 - Écologie

```
V E G E T A C I J E И F G I M R
P V G B E И B B N A A E B V F A
I L L F A И F C A A B S U Š E Z
R G A R E T N O L O V R S E D N
V P A N S C G V U B E U N R V O
S T E C I N D E J A Z S K И И L
I F K K Z N Y И Y P M E N K T I
H L J V P A E K F A M R J I A K
H I L L M D T O A R A V Č O M O
K L I M A O S B U F И I Z N G S
F V B D G G R K N T P Ž E D M T
P D R G D M V S E N O R A O K L
O P S T A N A K K R A D C R N P
M P R I R O D A N I D O F I L M
R A Z L I Č I T E L H R K R P Z
F L O R E T Š I N A T S M P J A
```

VOLONTERA	MORSKIH
KLIMA	PLANINE
ZAJEDNICE	PRIRODA
RAZNOLIKOST	PRIRODNO
ODRŽIV	BILJKE
VRSTE	RESURSE
FAUNE	SUŠE
FLORE	OPSTANAK
STANIŠTE	RAZLIČITE
MOČVARA	VEGETACIJE

10 - Géométrie

```
M P N A U V K M S E G M E N T T
P E R B R O J A D K S F J D A R
A J D E N O Z S U I V L I K N O
R E K I Č Z E E U G L B R S E U
A D P P J N K G J O A P O N C G
L N V T E A I E I L G O E E O A
E A E R Z J N K Z F F A T C R O
L Č R S O I B A N I Š R V O P G
N I T G N R O N E V I R K R S A
I N I S K T H I M H Z F F O T G
L A K T E E V S I M O B C A G H
S A A U V M M I D A D S F C V G
N C L P G I C V Y F C R D P O V
C J N S J S O B R A Č U N G E E
D V E A A K R U G T D N F K P P
H P E N P P B C Y S H M G D E A
```

UGAO	MEDIJANA
OBRAČUN	BROJ
KRUG	PARALELNI
KRIVE	PROCENAT
PREČNIK	SEGMENT
DIMENZIJU	POVRŠINA
JEDNAČINA	SIMETRIJA
VISINA	TEORIJE
LOGIKE	TROUGAO
MASE	VERTIKALNE

11 - Les Médias

```
I  M  K  O  M  E  R  C  I  J  A  L  N  I  E  N
F  N  T  O  F  E  N  A  Z  L  A  A  K  E  F  R
O  O  T  T  V  C  K  O  M  A  O  I  M  R  G  O
T  I  И  E  N  I  L  N  O  J  D  K  L  A  M  F
O  D  Z  S  L  N  P  A  M  T  C  S  A  E  C  S
G  A  R  D  V  E  D  E  P  T  J  T  Ž  L  A  B
R  R  И  V  A  J  K  E  P  F  A  A  E  C  N  A
A  I  И  I  F  N  E  T  A  Y  V  V  R  C  I  I
F  N  M  P  A  I  J  D  U  M  N  O  M  V  D  J
I  L  R  F  T  Č  S  E  H  A  I  V  K  R  E  A
J  A  D  K  O  I  O  Z  R  T  L  A  D  L  J  P
E  T  O  V  A  J  I  C  A  K  I  N  U  M  O  K
F  I  N  A  N  S  I  R  A  N  J  E  E  И  P  B
G  G  F  O  B  R  A  Z  O  V  A  N  J  E  L  R
M  I  Š  L  J  E  N  J  E  I  N  D  C  K  P  N
J  D  E  P  K  P  U  N  O  V  I  N  E  L  N  R
```

STAVOVA	INTELEKTUALNE
KOMERCIJALNI	NOVINE
KOMUNIKACIJA	LOKALNI
ONLINE	DIGITALNI
IZDANJE	MIŠLJENJE
OBRAZOVANJE	FOTOGRAFIJE
ČINJENICE	JAVNI
FINANSIRANJE	RADIO
POJEDINAC	MREŽA

12 - Philanthropie

```
M M K B Y E J A Z T K D N J Č V
K I J A V N I T R P M E E F O E
N T S O D A L M F R O C И F V L
P Y G I B I C U K F R A O I E I
R J И T J M F P E U A V I I Č K
P A O C T A C C D И S T Z S A O
F C Y U H R H F I T R S A K N D
K I O P Y G E P U R G D Z R S U
O N N S P O V B G L И E O E T Š
N D L A M R Y P A L G R V N V N
T E A E N P L J U D I S A O O O
A J B C K S C I L J E V E S Z S
K A O И P T I T H H I И F T И T
T Z L C J M F J O C G J K V P И
I U G D P R Y U A J I R O T S I
S G E Y C S M I L O S T I N J U
```

TREBA	VELIKODUŠNOST
CILJEVE	GLOBALNO
MILOSTINJU	GRUPE
ZAJEDNICA	ISTORIJA
KONTAKTI	ISKRENOST
IZAZOVA	ČOVEČANSTVO
DECA	MLADOST
FINANSIJA	MISIJA
SREDSTVA	PROGRAMI
LJUDI	JAVNI

13 - Diplomatie

```
I  N  T  E  G  R  I  T  E  T  A  D  S  A  P  S
A  E  E  K  I  N  T  E  V  A  S  I  И  Y  A  T
Z  I  A  I  B  V  C  Z  B  N  P  P  E  G  O  R
B  G  S  T  V  S  M  B  B  G  R  L  P  K  E  A
P  P  M  E  J  N  E  Š  E  R  A  O  A  D  И  N
S  A  R  A  D  N  J  A  D  A  V  M  E  И  J  I
S  I  G  U  R  N  O  S  T  Đ  D  A  D  A  L  V
Y  И  N  T  Z  A  S  K  S  A  A  T  M  R  A  A
Y  C  U  M  K  И  V  U  T  N  S  S  S  O  G  A
E  D  A  N  И  C  H  U  K  A  Z  K  A  V  C  M
Z  A  J  E  D  N  I  C  A  O  И  E  D  O  F  B
R  E  Z  O  L  U  C  I  J  A  B  T  T  G  F  A
M  L  M  K  E  N  R  A  T  I  N  A  M  U  H  S
K  E  K  B  B  D  A  M  B  A  S  A  D  O  R  A
P  O  L  I  T  I  K  E  B  A  Z  M  L  T  O  D
D  I  S  K  U  S  I  J  E  J  Z  K  S  I  O  E
```

AMBASADE	STRANI
AMBASADOR	VLADA
GRAĐANA	HUMANITARNE
ZAJEDNICA	INTEGRITET
SUKOBA	PRAVDA
SAVETNIK	POLITIKE
SARADNJA	REZOLUCIJA
DIPLOMATSKE	SIGURNOST
DISKUSIJE	REŠENJE
ETIKE	UGOVORA

14 - Électricité

```
И N S K L A D I Š T E И И И A I
R B E J I R E T A B T P R U T N
O C E G B S P O Z I T I V N O I
Ž P V L A P M A L B A K G Y И E
K I O C E T K E J B O O O C D L
O R C G H K I O P R E M A G R E
L I И E И U T V I B U O H C P K
I M R E Ž A E R N O F E L E T T
Č L S M Y Y N O I E P M T A G R
I A I H N P G T A Č B N Y O C I
N S J E R И A A C I N Č I T U Č
A E A И R U M R I P U I B A F A
R R L J T K Y E E M M E P P B R
N C I O V Y S N R O P Y H P P Z
И V C C E B Z E A И И P H H P D C
L Y A P T T O G D D R P K E T C
```

MAGNET	LASER
SIJALICA	NEGATIVNE
BATERIJE	OBJEKTE
KABL	POZITIVNO
ELEKTRIČAR	UTIČNICA
ELEKTRIČNI	KOLIČINA
OPREMA	MREŽA
ŽICE	SKLADIŠTE
GENERATOR	TELEFON
LAMPA	

15 - Astronomie

```
J  M  R  И  K  A  S  T  R  O  N  O  M  M  P  L
E  J  I  И  R  O  T  A  V  R  E  S  P  O  E  L  K
P  G  M  A  S  N  Y  U  P  P  U  Y  Z  S  R  R
A  Y  E  Y  M  L  R  K  Y  A  I  A  Z  E  A  A
P  H  V  V  O  G  K  F  H  I  Y  L  R  C  S  V
S  K  S  D  S  P  A  D  N  S  I  B  D  C  T  N
N  A  J  I  S  K  A  L  A  G  O  A  N  Z  R  O
Z  E  Z  F  P  O  M  R  A  Č  E  N  J  E  O  D
P  R  B  V  P  L  A  N  E  T  E  И  D  J  N  N
Z  P  A  O  E  J  T  D  P  F  K  R  S  L  A  E
N  Y  C  Č  B  Ž  Y  L  H  N  N  A  N  M  U  V
E  J  D  U  E  A  Đ  P  И  L  B  K  E  E  T  N
I  E  A  V  O  N  R  E  P  U  S  E  B  Z  A  I
M  E  T  E  O  R  J  L  A  E  O  T  U  O  A  C
S  O  L  A  R  N  E  A  L  D  B  A  L  U  G  A
P  A  S  T  E  R  O  I  D  V  A  P  A  U  Y  V
```

ASTEROID	MESEC
ASTRONAUTA	METEOR
ASTRONOM	NEBULA
NEBO	OPSERVATORIJE
SAZVEŽĐE	PLANETE
KOSMOS	ZRAČENJA
POMRAČENJE	SOLARNE
RAVNODNEVNICA	SUPERNOVA
RAKETA	ZEMLJE
GALAKSIJA	SVEMIR

16 - Physique

```
S  S  I  M  H  Č  G  F  L  L  N  H  M  E  S  P
F  F  P  A  A  E  U  A  B  A  O  Z  A  A  T  M
P  J  D  T  Y  S  S  Y  E  A  Y  E  Z  G  S  K
M  F  M  B  N  T  T  H  T  P  N  V  I  R  O  E
B  O  D  H  O  I  I  E  G  A  S  U  T  A  N  J
R  E  L  A  R  C  N  M  F  F  M  N  E  V  V  N
Z  N  A  E  T  A  E  I  S  R  E  I  N  I  I  A
I  F  P  U  K  O  U  J  B  E  H  V  G  T  T  Z
N  F  A  C  E  U  M  S  C  K  A  E  A  A  A  R
A  P  E  K  L  L  K  E  V  N  R  M  C  L  B  B
D  M  J  R  E  U  J  E  R  E  I  Z  D  I  E  U
A  B  P  Y  G  M  P  C  L  N  K  A  U  J  R  Y
H  A  O  S  G  R  Z  U  H  C  E  L  V  E  O  P
U  S  M  U  A  O  P  L  G  I  D  N  S  C  T  Z
P  E  A  M  P  F  S  O  I  J  L  A  C  K  O  O
N  U  K  L  E  A  R  N  E  A  P  R  T  Y  M  M
```

UBRZANJE	MAGNETIZAM
ATOM	MASE
HAOS	MEHANIKE
HEMIJSKE	MOLEKUL
GUSTINE	MOTOR
ELEKTRON	NUKLEARNE
FORMULU	ČESTICA
FREKVENCIJA	RELATIVNOST
GAS	UNIVERZALNA
GRAVITACIJE	BRZINA

17 - Types de Cheveux

```
Ć Y Y L P S J A J N A P V F C D
G E V F H L F O H L E G I Y A U
R N L V T K A T A R K V K B M G
L K Y A Z A N V P A B A A Z A O
O O U V V C R A A V I S O R G K
I L K U P S C R T D E B E O B O
B F K S M U I D S B T A N A K V
F H P S L E O Z A F R G C E F R
G H Z P B И V O S N D A K E M D
E A A O K P S F A P A M O R O Ž
O B O J E N E N L V F B D N S A
P L E T E N I Z A R И E И D M V
U E T D V V V E T Y T O P M S A
S R E B R O M J M R И H E J V B
M C H N И U U C B M D Z G H G B
C И И L I H H E M Y N A A A O P
```

SREBRO	KOVRDŽAVA
BEO	SIVA
PLAVA	DUGO
LOKNE	BRAON
SJAJNA	TANAK
ĆELAV	CRNA
OBOJENE	TALASASTA
KRATAK	ZDRAV
MEKA	SUVA
DEBEO	PLETENI

18 - Archéologie

```
J  V  E  L  S  M  P  C  U  R  K  U  Z  Y  G  N
И  F  J  B  M  E  C  G  G  O  O  M  A  R  H  E
H  P  I  T  И  R  N  M  L  S  S  I  B  K  U  P
F  O  C  K  A  N  T  I  K  E  T  T  O  R  D  O
A  N  A  L  I  Z  A  M  D  F  I  O  R  E  B  Z
N  V  Z  D  A  A  D  G  U  O  И  Z  A  L  O  N
E  H  I  F  P  P  L  J  U  R  G  A  V  I  O  A
C  P  L  I  S  O  F  D  P  P  Z  U  I  K  B  T
O  O  I  S  T  R  A  Ž  I  V  A  Č  O  V  J  G
R  U  V  T  R  E  P  S  K  E  S  N  A  I  E  R
P  R  I  G  O  S  R  O  G  I  E  D  H  J  K  O
G  A  C  V  G  O  M  E  T  O  R  H  D  A  T  B
M  I  S  T  E  R  I  J  A  O  M  N  И  P  E  N
D  A  L  D  G  P  F  O  P  E  M  D  J  И  A  I
L  T  O  P  И  B  K  A  N  A  U  A  V  E  C  C
Y  B  И  H  G  S  L  M  K  R  C  U  K  T  P  A
```

ANALIZA	FOSIL
GODINE	NEPOZNAT
ANTIKE	MISTERIJA
ISTRAŽIVAČ	OBJEKTE
CIVILIZACIJE	KOSTI
POTOMAK	ZABORAVIO
EKSPERT	PROFESOR
ERE	RELIKVIJA
TIM	HRAM
PROCENA	GROBNICA

19 - Mammifères

```
P  J  H  J  H  Z  Z  J  P  R  V  I  E  B  K  T
V  Z  A  N  R  S  E  U  N  K  L  K  D  N  G  T
H  U  T  P  N  H  C  D  И  B  P  A  E  M  A  I
M  J  O  P  T  M  K  E  S  M  I  F  V  F  I  L
V  N  J  N  O  K  K  L  B  I  K  A  D  P  Y  V
Z  U  O  O  I  P  C  F  V  N  J  R  E  B  O  G
L  M  K  L  A  M  B  I  A  D  C  I  M  V  V  J
И  J  K  S  A  P  M  N  G  И  A  Ž  F  И  C  Z
R  A  P  K  I  T  T  U  V  И  S  Y  D  T  E  E
N  M  A  N  P  T  A  I  P  E  C  T  A  F  V  B
K  P  P  D  K  H  H  И  G  O  P  A  M  U  K  R
И  R  D  G  O  R  I  L  A  A  C  I  S  I  L  A
K  E  N  G  U  R  U  J  Y  K  R  Y  E  C  P  E
F  K  A  N  T  И  C  I  M  Č  S  M  C  N  O  T
H  N  P  B  N  G  J  Y  R  A  P  T  J  B  H  O
G  L  J  N  S  C  И  D  V  M  Z  O  V  J  C  L
```

KIT	ZEC
MAČKA	LAV
KONJ	VUK
PAS	OVCE
KOJOTA	MEDVED
DELFIN	LISICA
SLON	MAJMUN
ŽIRAFA	BIK
GORILA	TIGAR
KENGUR	ZEBRA

20 - Chocolat

```
P  K  F  P  V  S  B  K  A  K  A  O  T  P  R  U
U  A  B  R  P  S  O  O  M  I  L  J  E  N  I  K
K  L  Y  A  Z  E  M  O  R  A  E  B  T  I  K  U
U  O  K  H  E  B  B  P  S  L  M  E  I  I  N  S
S  R  A  I  A  S  O  K  O  K  A  H  L  A  U  N
E  I  J  E  К  И  N  P  U  P  R  G  A  N  F  O
L  J  O  I  G  I  A  C  L  P  A  O  V  T  P  K
Y  A  T  Y  R  Z  R  G  И  S  K  R  K  I  U  T
T  R  S  Z  R  U  O  I  A  I  Z  K  L  O  B  A
T  E  A  L  A  I  F  T  K  F  P  A  B  K  Z  L
G  Ć  S  D  D  N  P  I  I  I  A  E  M  S  Z  S
R  E  C  E  P  T  A  T  N  Č  R  P  T  I  H  O
P  Š  S  F  N  U  И  T  C  V  N  P  V  D  E  L
D  H  B  A  S  J  H  P  S  N  Y  E  B  A  T  K
P  R  K  M  K  N  A  F  И  K  C  E  B  N  P  C
F  И  R  A  A  Z  И  D  D  R  I  V  V  S  A  O
```

GORKA	SLATKO
ANTIOKSIDANS	EGZOTIČNE
AROME	OMILJENI
ZANATSKI	UKUS
BOMBONA	SASTOJAK
KIKIRIKI	KOKOS
KAKAO	PRAH
KALORIJA	KVALITET
KARAMEL	RECEPT
UKUSNO	ŠEĆERA

21 - Mathématiques

```
P R E Č N I K G И E T D Z Y J U
U G L O V A K I T E M T I R A P
P A P T K Y P R N J F D C O K R
S A R F И U N A E E R E R A R A
P I R A A B H D N D A C G N P V
E O M A F H G I O N K I E E N N
T R L E L L H J P A C M O E K O
Y A S I T E T U S Č I A M I B O
A T M И G R L S K I J L E K U T
D E B E P O I N E N A N T C E R
J M E G U Z N J I A S E R L C O
A I D S K M M A A K A Y I P E U
P R A V O U G A O N I K J D S G
N E M U L O V N P Z D T E L T A
Z P A R A L E L O G R A M C A O
K V A D R A T H K N K F E И S V
```

UGLOVA
ARITMETIKA
KVADRAT
OBIM
DECIMALNE
PREČNIK
EKSPONENT
JEDNAČINA
FRAKCIJA
GEOMETRIJE

PARALELNI
PARALELOGRAM
UPRAVNO
PERIMETAR
POLIGONA
RADIJUS
PRAVOUGAONIK
SIMETRIJA
TROUGAO
VOLUMEN

22 - Mythologie

```
S  A  R  B  A  L  H  E  R  O  J  F  I  U  E  A
T  N  K  V  E  S  T  V  A  R  A  N  J  E  T  V
V  D  Y  G  N  S  T  Č  U  D  O  V  I  Š  T  E
O  Z  H  F  Č  P  M  H  G  A  R  U  T  L  U  K
R  U  H  F  I  C  K  R  Z  K  R  A  L  E  F  N
E  E  H  A  G  S  A  N  T  I  Y  H  F  P  H  A
N  U  O  N  A  T  H  B  M  N  R  B  E  A  D  D
J  J  H  Y  M  P  Y  L  U  T  O  J  R  T  N  Z
E  S  I  F  M  M  N  J  N  A  K  S  G  C  I  Z
A  D  N  E  G  E  L  U  J  R  P  H  T  B  E  P
C  U  T  A  I  Z  Y  B  E  P  U  E  K  H  C  N
F  E  R  V  G  E  F  O  R  T  S  A  T  A  K  P
G  P  M  Z  O  E  V  M  M  S  P  Y  D  K  V  C
A  D  S  I  K  N  G  O  U  V  E  R  E  N  J  A
I  C  N  A  T  N  I  R  I  V  A  L  E  C  F  R
Y  L  T  E  G  E  E  E  J  N  A  Š  A  N  O  P
```

ARHETIP	RATNIK
KATASTROFE	HEROJ
PONAŠANJE	BESMRTNOST
STVARANJE	LJUBOMORE
STVORENJE	LAVIRINT
UVERENJA	LEGENDA
KULTURA	MAGIČNE
MUNJE	ČUDOVIŠTE
SNAGE	SMRTNI

23 - Restaurant #2

```
S  K  M  S  T  T  P  I  E  U  N  H  A  R  N  M
R  G  И  Y  A  J  O  S  И  Z  A  P  U  S  F  V
D  B  J  U  E  D  V  N  K  F  P  Z  S  L  I  A
A  D  O  V  D  S  R  R  I  C  I  N  I  Č  A  Z
K  E  L  N  E  R  Ć  S  L  U  T  M  G  C  T  J
I  Ć  H  S  L  C  E  B  I  R  A  I  И  Y  C  S
Š  O  I  B  T  R  U  E  A  A  K  G  V  P  F  D
A  V  V  A  P  O  N  S  U  K  U  R  E  Y  B  L
K  O  K  I  O  V  L  R  M  A  R  B  Č  G  K  И
J  Y  И  C  L  G  Z  I  O  A  U  P  E  C  F  U
H  O  P  N  F  J  L  P  C  C  Č  V  R  Y  P  N
B  G  И  A  L  I  U  G  O  A  A  J  A  J  Z  T
C  P  V  Z  N  A  Y  Š  K  Z  K  T  O  R  T  A
D  R  Z  E  H  C  Z  N  K  A  N  U  C  A  H  E
I  Y  N  R  S  O  F  A  T  A  T  A  L  A  S  P
I  O  D  Y  Y  T  U  F  D  И  O  R  E  E  J  H
```

NAPITAK	TORTA
STOLICA	LED
KAŠIKA	POVRĆE
RUČAK	REZANCI
UKUSNO	JAJA
VEČERA	RIBE
VODA	SALATA
ZAČINI	SO
VILJUŠKA	KELNER
VOĆE	SUPA

24 - Beauté

```
O И B V V N K K R Z F F S U B M
I G N O P M A Š G K O R T D И E
Y J L M J K J E P B T P I B G P
S A Z E A A L S R U O M L P P I
B И M H D S U O C J G A I R R R
U G P F J A K K S I E T S C H L
S U H G I R L A I C N И T V E O
L F K N A G M O R N I K A U T K
U Z O A B L L H I A И O G Š P N
G I E T I A E L M G A Z L A R E
E N U N G R E J S E N M G R Z Z
K O Ž A G L Z R P L R E L M D A
C K U G P E H V P E H T A O I K
E Z R E Š M I N K A N I T A K A
R R D L M И U Y V B H K K P C M
K Z A E F N T Y A B J A A U G A
```

LOKNE
ŠARM
MAKAZE
KOZMETIKA
BOJA
ELEGANCIJU
ELEGANTAN
GREJS
ULJA
GLATKA

ŠMINKA
MASKARA
OGLEDALO
MIRIS
KOŽA
FOTOGENИAN
RUŽ
USLUGE
ŠAMPON
STILISTA

25 - Avions

```
Z  S  B  F  L  M  R  G  Y  M  S  F  Z  P  T  F
V  I  A  N  I  S  I  V  V  O  Y  K  A  M  K  I
G  L  L  G  O  A  O  T  И  I  R  R  L  V  P  Y
A  A  O  P  L  M  J  U  P  U  S  U  P  B  S  R
I  Z  N  R  O  T  O  M  F  Y  M  I  D  D  P  I
J  A  I  A  J  I  C  K  U  R  T  S  N  O  K  S
P  K  P  V  A  T  M  O  S  F  E  R  A  U  P  L
K  O  H  C  Z  P  H  B  R  H  O  A  J  A  I  E
V  U  S  U  И  V  D  E  L  G  S  P  I  V  L  T
M  J  D  A  D  A  A  N  Z  I  M  P  R  A  O  A
V  H  И  H  D  Z  P  U  T  N  I  K  O  N  T  N
O  R  H  G  S  E  A  Y  P  T  O  Y  T  T  U  J
G  T  F  O  L  O  O  V  I  R  O  G  S  U  F  A
N  A  D  U  V  A  V  A  J  U  A  J  I  R  A  C
V  O  D  O  N  I  K  A  R  Y  T  A  O  A  Z  Z
T  U  R  B  U  L  E  N  C  I  J  E  D  E  I  P
```

VAZDUH	PRAVCU
VISINU	POSADE
ATMOSFERA	NADUVAVAJU
SLETANJA	VISINA
AVANTURA	ISTORIJA
BALON	VODONIK
GORIVO	MOTOR
NEBO	PUTNIK
KONSTRUKCIJA	PILOT
SILAZAK	TURBULENCIJE

26 - Aventure

```
R L T P T I Z U P I Z H E R J V
A E S A E G D J H R A B R O S T
D P O D R E D I Š T E Š A N S A
O O N I F B A C L R K Y N A I I
S T V Z C K K A J P F B E S Z A
T A I A N P T G A U J T O A N G
P G T Z P R L I Y T T B B P E P
R A K O M C E V P U S H I O N R
O G A V U R Y A N J A U Č И A I
G K T A T H E N V E N P N E Đ P
R E N T U Z I J A Z A M O N U R
A L I N E K S K U R Z I J E J E
M P A K O S I G U R N O S T U M
Y I C L H V T E Š K O Ć E U Ć A
S A C S N B A D O R I R P O E B
K N I P C И J R K G J C J M N P
```

AKTIVNOST	NEOBIČNO
LEPOTA	PROGRAM
HRABROST	RADOST
ŠANSA	PRIRODA
OPASAN	NAVIGACIJU
ODREDIŠTE	NOVA
IZAZOVA	PRIPREMA
TEŠKOĆE	SIGURNOST
ENTUZIJAZAM	IZNENAĐUJUĆE
EKSKURZIJE	PUTUJE

27 - Ville

```
Š K O L A V A A G S M R P E B U
U L U U R P J T K T U E O A I N
N P P M A A I T M A Z S Z E B I
T M C P K R R Z P D E T O R L V
A D D P E Z E K Y I J O R O I E
T I T M P C L E T O H R I D O R
R K N J I Ž A R A N V A Š R T Z
Ž A Z Y L L G U Y A U N T O E I
I Y Ć O U Y Y A K A P E E M K T
Š И P E O K O R T K U И K K E E
T M И A V V V K S A L И L N V T
E C Z B И C R P O K S O I B A Y
A P O T E K E T C G D T N C G B
S U P E R M A R K E T A I S R T
A F A T M K H И U G B V C U U G
G Y E N И V M F V M D E I J B T
```

AERODROM	KNJIŽARA
BANKE	TRŽIŠTE
BIBLIOTEKE	MUZEJ
PEKARA	APOTEKE
BIOSKOP	RESTORAN
KLINICI	STADION
ŠKOLA	SUPERMARKETA
CVEĆAR	POZORIŠTE
GALERIJA	UNIVERZITET
HOTEL	ZOO VRT

28 - Ingénierie

```
D R N M P R C U U S T M И A P D
L I Y J M O T O R M E A D A L И
K P Z P R N O G O P Č Š G K A I
O R M E A U N B V D N I J R P T
N E A S L Č P Z K A O N S P K L
S Č R O T A C I J E G A S O И C
T N G V A R S P K M E R E N J E
R I A D O B Z U P Č A N I K A O
U K J L U O F D M R J S N A G E
K D I D Z B D U M P I V G H A C
C G D K S Y I Y Y P G U G A O H
I I M И N M C N G I R O J P D N
J L M B E P И P A S E U V P P Z
A S T R U K T U R A N U A A M G
S T A B I L N O S T E H M R M M
D I S T R I B U C I J A H S P Y
```

UGAO	SNAGE
OSE	TEČNOG
OBRAČUN	MAŠINA
KONSTRUKCIJA	MERENJE
DIJAGRAM	MOTOR
PREČNIK	DUBINA
DIZEL	POGON
DISTRIBUCIJA	ROTACIJE
ZUPČANIKA	STABILNOST
ENERGIJA	STRUKTURA

29 - Énergie

```
I N D U S T R I J A H И V C F N
P Z O F G B E C N U S T O A U U
U A A T N P P L H B C Z D Z C K
O V I R O G И V E V C B O И E L
B B H O B F G G N K C P N Y L E
T B N T T N D C Y Y T T I I E A
O N E O I U J N E Ž U R K O R R
I C M M V D I Z E L M A O И T N
U N P A K L T U R B I N U N R E
G U Z N T A J N E Đ A G A Z I T
L K P H J E J I R E T A B E Č O
J V E T A R K F V A D S И A N L
E J I P O R T N E E A O K G I P
N M D I B E N Z I N U R H S И O
I C K D U G K Z I B C H F M H T
K F J P T T K R A И P S M U K J
```

BATERIJE
UGLJENIK
GORIVO
TOPLOTE
DIZEL
ENTROPIJE
OKRUŽENJU
BENZIN
ELEKTRIČNI
ELEKTRON

VODONIK
INDUSTRIJA
MOTOR
NUKLEARNE
FOTON
ZAGAĐENJA
OBNOVLJIVE
SUNCE
TURBINU
VETAR

30 - Cuisine

```
Н D И И E Č R V Č K R S D L P U
L R S N D I F U A E O V I C K A
P A A A R N A D J C Š M V I S P
P J P N R I A I N E T P E C E R
F H E E A J P S I L I Ž L V Y
P L R G H U D U K J Љ H O B I R
C S E G P Y F N P A J L N S L B
F I Y U D G P Ð P T P B D E J E
I L J N U M B E L P E P B N U L
Z J Č A V I Z R M A Z G P D Š R
H O A T I N Ć R E R N A L C K G
F P R E D I Ž I R F N U R U E O
И I И V A Č Z H P L O N C A J R
L O O L D A A J N A M Z T T L L
J U I A H Z V R A F T C E F O I
И T T S T E P L E K I Š A K Š A
```

ŠTAPIĆI   VILJUŠKE
ČINIJU   ROŠTILJ
ČAJNIK   LONCA
ZAMRZIVAČ   HRANA
NOŽEVI   TEGLU
VRČ   RECEPT
KAŠIKE   FRIŽIDER
ZAČINI   SALVETA
SUNĐER   KECELJA
RERNA   ŠOLJE

31 - Corps Humain

```
D И V R K J A N S B E P N S O N
U J U U O V U K T A R V G K E И
G S A K L C F S O Y P S S O B R
V U T A E N S U M P I K I Č G V
C U M A N C P S A P R S T N E H
K U H F O F I C K A L P P I И E
V O E E O S B L M O Z A K Z T P
L F Ž M E U B T I P L E E G D I
A M B A B R A D A V Z M R L N L
K Z L R C R B P J O B A V O Y R
A T N S A L A T I U J N P B L Y
T N G R O P И P K U T L B O И L
M V И C F B O Z V A T G P M P I
T И I E P E P G L A V A D V F C
A G T N И F A G J S I C P H G E
B T K F V L G A Z B A И A N I M
```

USTA	USNE
MOZAK	RUKA
SKOČNI ZGLOB	VILICE
VRAT	BRADA
LAKAT	NOS
SRCE	UVO
PRST	KOŽA
STOMAK	KRV
RAME	GLAVA
KOLENO	LICE

32 - Biologie

```
K  P  I  G  E  N  Z  I  M  V  H  A  P  S  A  M
A  O  S  I  N  A  P  S  E  P  B  O  F  P  E  N
N  T  L  I  T  P  E  R  N  V  G  S  R  K  I  N
A  S  G  A  E  J  I  C  U  L  O  V  E  M  C  L
T  A  L  V  G  M  A  G  A  A  P  H  J  F  O  Y
O  C  P  R  A  E  B  D  U  B  B  R  I  O  V  N
M  O  U  E  O  V  N  R  J  F  T  O  C  T  R  I
I  K  N  N  S  E  S  A  I  H  J  M  A  O  C  P
J  P  Z  O  M  P  S  S  L  O  A  O  T  S  E  M
E  U  B  F  O  B  Z  I  E  E  N  Z  U  I  V  V
R  A  U  Y  Z  Y  R  S  Ć  T  I  O  M  N  И  U
T  H  R  F  E  N  U  V  P  I  E  M  H  T  L  Z
B  A  K  T  E  R  I  J  A  E  T  N  S  E  U  P
P  R  I  R  O  D  N  O  A  B  O  A  R  Z  A  U
S  I  M  B  I  O  Z  E  Y  K  R  P  O  A  I  Z
N  E  U  R  O  N  Y  E  O  G  P  L  S  R  A  L
```

ANATOMIJE	MUTACIJE
BAKTERIJA	PRIRODNO
ĆELIJU	NERVA
HROMOZOM	NEURON
KOLAGENA	OSMOZE
EMBRION	FOTOSINTEZA
ENZIM	PROTEINA
EVOLUCIJE	REPTIL
HORMON	SIMBIOZE
SISAR	SINAPSE

33 - Épices

```
K O R I J A N D E R D E M F P K
U K K K E L P R L B B H G E C A
L A K R O G A Y I И B D P Z C R
I R E B I B P T N P I N A S K D
L I I E T N R D A S U K U T F A
E B T B R V I C V O E I C R H M
B D N I M U K A S L A D I Ć E O
D N M I C U A P N P I C R I D M
K I S E L O Đ O J I O И E L K V
Z A Z P V L U V C J S J M Y U Y
P M S U E A D I O Z V A R T И K
P T M U N M Š A F R A N U U S G
E M S Z D B P A L Z N И T F P A
U H И P A O C I M E T Z M S S B
B И K V T K O M O R A Č V G F И
A J Y M K V O A G И A N F P A J
```

KISELO	KOMORAČ
BELI LUK	ĐUMBIR
GORKA	LUK
ANISA	PAPRIKA
CIMET	BIBER
KARDAMOM	SLADIĆE
KORIJANDER	ŠAFRAN
KUMIN	UKUS
TURMERIC	SO
KARI	VANILE

34 - Agronomie

```
P  G  I  T  G  H  P  L  M  K  D  M  R  L  P  R
E  R  O  Z  I  J  E  A  J  U  E  U  A  B  R  B
Z  K  N  E  D  E  R  V  I  R  P  O  J  L  O  P
E  H  U  U  F  E  E  I  T  E  O  H  I  S  I  E
M  R  M  A  D  B  P  R  S  R  P  G  J  I  Z  K
L  A  R  D  N  I  D  B  E  C  A  A  N  S  V  O
J  N  И  O  G  A  P  U  L  N  S  S  A  T  O  L
A  A  Z  V  Z  G  L  Đ  O  T  E  P  T  E  D  O
R  U  R  A  L  N  I  H  B  J  E  R  M  M  N  G
N  J  Y  S  Z  P  M  D  Y  B  L  C  G  I  J  I
M  A  E  J  N  A  V  I  Ž  A  R  T  S  I  A  J
L  P  O  K  R  U  Ž  E  N  J  U  H  B  A  J  E
Z  A  G  A  Đ  E  N  J  A  P  O  V  R  Ć  E  A
H  I  J  Z  V  S  S  B  U  I  R  B  S  E  M  E
Z  V  K  O  U  F  Z  R  S  L  A  I  M  F  N  V
L  K  V  S  C  J  G  N  S  T  U  D  I  J  A  C
```

POLJOPRIVREDE
RAST
VODA
ĐUBRIVA
OKRUŽENJU
EKOLOGIJE
ENERGIJA
EROZIJE
STUDIJA
SEME

POVRĆE
BOLESTI
HRANA
ZAGAĐENJA
PROIZVODNJA
ISTRAŽIVANJE
RURALNIH
NAUKE
ZEMLJA
SISTEMI

35 - Science

```
G  F  Č  M  J  E  K  S  J  I  M  E  H  И  A  F
R  I  E  I  A  R  L  I  S  O  F  B  Z  D  P  C
A  Z  S  A  T  P  I  I  K  A  Y  N  N  H  Z  A
V  I  T  T  A  И  M  N  A  U  Č  N  I  K  S  M
I  K  I  B  L  T  A  M  Z  I  N  A  G  R  O  L
T  E  C  M  A  P  O  P  V  R  S  A  M  G  S  A
A  G  E  O  R  O  S  M  O  D  R  A  B  Z  B  B
C  J  Z  L  E  S  E  T  P  D  O  T  E  M  A  O
I  P  E  E  N  M  U  O  V  N  A  R  T  P  M  R
J  R  T  K  I  A  I  L  M  A  A  T  G  O  D  A
E  I  O  U  M  T  V  A  M  V  R  K  A  C  U  T
R  R  P  L  T  R  Z  J  Z  Y  B  I  D  K  O  O
I  O  I  A  B  A  V  Y  B  K  J  D  J  P  A  R
D  D  H  N  T  N  E  M  I  R  E  P  S  K  E  I
K  A  P  D  A  J  O  M  E  Z  O  N  P  I  S  J
N  V  D  K  L  E  J  I  C  U  L  O  V  E  R  A
```

ATOM	LABORATORIJA
HEMIJSKE	METOD
KLIMA	MINERALA
PODATAKA	MOLEKULA
EKSPERIMENT	PRIRODA
EVOLUCIJE	POSMATRANJE
STVARI	ORGANIZMA
FOSIL	ČESTICE
GRAVITACIJE	FIZIKE
HIPOTEZE	NAUČNIK

36 - Vêtements

```
V O B A C F D L A K I P B T V G
M S И P G Y Z P U K H L O T P L
K Y U D A Z J I L F A C C J P E
E J A K N U T V D A Z U L B A O
C O S D G D K E L R L D S A И S
E Y P N B V E M E M E V E D Š P
L O G R L I C A L E P I C O T D
J O N I U И I Ž A R I H P M K И
A Z J Š B S V D D K C U Y N D I
J N E E И T A I N E O G K L N F
L A I Š Y F K P A N T A L O N E
U F A J N K U S S I T L K R Y C
Š Y U G L B R N A R U K V I C A
O E P Z M A D Ž E M P E R P C R
K Z P F H D H H I P A T H L G V
K P F G E U F N A E K F J C O D
```

NARUKVICA	SUKNJA
POJAS	KAPUT
ŠEŠIR	MODA
CIPELA	PANTALONE
KOŠULJA	DŽEMPER
BLUZA	PIDŽAME
OGRLICA	HALJINA
ŠAL	SANDALE
RUKAVICE	KECELJA
FARMERKE	JAKNU

37 - Arts Visuels

```
K E N O K A S S O R P I M U P G
A R A R L J J L A G U J K E O R
S U E D L J И K I N T E M U R N
O T U A Z O L E D K E M E R T Č
V P A P T К F И И Y A F P F R A
L L S E V I T K E P S R E P E R
A U A R N D V Y И H H C S L T I
K K S U I J O N K R E D E T F J
P S T J E Y P C O G M K L L V E
A Y A Š A B L O N S G A V F T O
O E V P A U T V F V T L L И F B
S A J B I S O L O V K A I P E E
K E R A M I K E A C V T I N I G
A R H I T E K T U R A S I Y E A
G K U M S V J L D V D O F I L M
M T A A K L V J C Y P G C J V H
```

ARHITEKTURA	OLOVKA
GLINE	KREATIVNOST
UMETNIK	FILM
KERAMIKE	SLIKARSTVO
UGALJ	PERSPEKTIVE
REMEK-DELO	ŠABLON
STALAK	PORTRET
VOSAK	GRNČARIJE
SASTAV	SKULPTURE
KREDE	LAK

38 - Méditation

```
P  R  I  H  V  A  T  A  N  J  E  M  L  S  F  P
M  K  A  B  G  N  S  S  B  A  G  O  I  B  T  O
P  N  K  U  P  I  O  A  U  R  C  H  C  R  S  S
A  F  V  D  F  Š  N  O  Y  A  T  J  P  V  O  M
M  R  O  A  M  I  Z  S  R  N  O  И  R  N  A
Z  E  L  N  L  T  A  E  A  O  U  O  Y  H  L  T
V  E  N  C  I  A  B  Ć  E  P  A  Ž  N  J  A  R
F  L  L  T  B  L  U  A  J  M  I  A  L  V  V  A
G  E  F  M  A  A  J  N  N  M  O  U  B  U  H  N
E  B  M  S  O  L  L  J  A  I  E  C  U  Y  A  J
K  D  K  O  O  Y  N  E  S  R  P  P  I  S  Z  E
J  A  S  N  O  Ć  E  E  I  N  B  P  P  J  V  G
U  U  P  O  K  R  E  T  D  O  R  P  P  Y  A  B
N  A  V  I  K  E  M  U  Z  I  K  A  R  P  T  N
P  E  R  S  P  E  K  T  I  V  E  N  N  E  S  A
P  R  I  R  O  D  A  N  H  D  Z  I  H  D  R  R
```

PRIHVATANJE	MENTALNE
PAŽNJA	POKRET
MIRNO	MUZIKA
JASNOĆE	PRIRODA
SAOSEĆANJE	POSMATRANJE
EMOCIJA	MIR
BUDAN	PERSPEKTIVE
LJUBAZNOST	STAV
ZAHVALNOST	DISANJE
NAVIKE	TIŠINA

39 - Littérature

```
D G D N V J L P L E F A U A P A
A I H J T R A G E D I J E N O N
P S J V M S D Y K V M Y J G F A
A A K A Č U J L K A Z V C J R L
R I M E L I T S F T H Y T S P O
O Y O I N O O B I O B M D L E G
F P E S M A G A K D I N A U S I
A R J I J K V U C G O A N T N J
T O N P T N R T I E G R A P I A
E M E O Y E R O J N R A L R Č R
M A Đ Z C O M R A A A T I Z K P
P N E A A C V A J P F O Z A E M
H A R O K I C D E Z I R A C N A
B L O I D E R A M P J M K P Y C
Y S P H R I C P U M A N S F D
H T O R M P F J H T F Y P U P Z
```

ANALOGIJA
ANALIZA
ANEGDOTA
AUTOR
BIOGRAFIJA
POREĐENJE
ZAKLJUČAK
OPIS
DIJALOG
FIKCIJA

METAFORA
NARATOR
PESMA
PESNIČKE
RIME
ROMAN
RITAM
STIL
TEMA
TRAGEDIJE

40 - Nourriture #1

```
I  B  O  J  P  S  K  A  F  A  S  E  M  S  F  I
I  J  C  И  D  Z  P  Š  E  Ć  E  R  A  O  U  S
O  E  I  P  S  R  C  A  K  E  L  M  Z  K  Y  U
L  C  R  F  Z  P  K  T  N  Z  I  F  S  U  N  V
Y  I  U  N  K  S  A  A  U  A  H  U  O  L  G  T
L  I  И  G  N  G  L  M  D  Ć  P  T  I  M  U
P  P  D  P  T  U  N  A  I  O  Y  J  C  L  I  J
L  A  K  K  L  A  D  S  L  G  K  E  R  E  Z  K
A  U  P  U  P  G  D  Z  E  A  P  U  S  B  S  Z
P  T  K  I  H  N  F  F  L  J  D  J  B  K  L  O
J  E  Č  A  M  B  O  S  I  L  J  A  K  I  R  T
S  M  K  И  A  V  V  Š  A  R  G  A  R  E  P  A
Y  I  L  Š  S  D  E  O  U  F  N  Y  P  H  Y  G
P  C  O  M  U  S  Y  R  F  T  Y  A  R  U  L  R
R  E  P  A  Z  R  J  D  E  I  M  R  L  L  L  S
Z  И  Y  V  D  U  K  U  P  R  Z  И  A  L  K  D
```

BELI LUK   REPA
BOSILJAK   LUK
KAFA   JEČAM
CIMET   KRUŠKE
ŠARGAREPA   SALATA
LIMUN   SO
SPANAĆ   SUPA
JAGODA   ŠEĆERA
SOK   TUNA
MLEKA   MESA

41 - Jours et Mois

```
J  R  J  K  L  J  A  K  E  U  S  P  J  A  Č  P
E  L  C  B  И  M  И  G  A  C  E  O  P  S  E  L
F  I  S  J  R  Z  Z  V  J  И  P  N  G  U  T  B
O  И  A  P  A  C  E  S  E  M  T  E  E  B  V  F
K  P  S  O  J  N  K  K  Y  H  E  D  N  O  R  D
S  A  F  J  L  U  U  R  D  K  M  E  R  T  T  C
O  U  B  P  E  J  N  A  N  B  B  L  O  A  A  Z
H  A  Z  U  D  H  A  B  R  J  A  J  K  E  K  Y
P  J  K  J  E  M  P  M  A  U  R  A  T  K  A  P
T  G  S  U  N  И  R  E  B  A  A  K  O  Y  T  J
S  T  N  L  Y  N  I  C  M  P  D  N  B  D  E  F
U  T  O  R  A  K  L  E  E  I  N  E  A  T  P  V
G  T  G  L  O  M  P  D  V  M  E  Z  R  H  Y  L
V  И  E  O  A  A  V  T  O  N  L  M  P  S  G  M
A  M  N  J  G  R  K  S  N  R  A  U  R  B  E  F
M  B  U  U  C  Š  И  O  A  D  K  V  H  E  M  C
```

AVGUST	UTORAK
APRIL	MARŠ
KALENDAR	SREDA
DECEMBAR	MESECA
FEBRUAR	NOVEMBAR
JANUAR	OKTOBAR
ČETVRTAK	SUBOTA
JUL	NEDELJA
JUN	SEPTEMBAR
PONEDELJAK	PETAK

42 - Jardinage

```
K  K  J  I  A  Z  Z  И  S  N  I  V  B  C  K  И
K  O  V  E  R  C  M  H  Y  Y  S  O  U  C  O  S
L  M  E  G  Z  O  T  I  Č  N  E  D  K  P  N  B
I  P  L  V  S  R  F  C  P  P  C  A  E  Y  T  O
Š  O  I  B  A  E  D  F  V  D  A  N  T  P  E  T
Ć  S  S  V  R  M  Z  L  P  E  U  P  D  R  J  A
E  T  T  S  A  B  M  O  H  S  T  O  C  L  N  N
P  O  N  V  L  A  G  E  N  E  A  N  Y  J  E  I
C  V  E  T  P  J  J  G  B  S  U  P  I  A  R  Č
U  I  N  R  A  L  N  K  T  D  K  E  B  V  U  K
J  T  L  A  Z  M  V  F  F  G  A  I  G  Š  M  I
V  S  S  L  N  E  V  A  M  N  K  D  P  T  G  C
G  E  S  E  C  Z  R  P  J  O  U  B  H  I  N  G
C  J  И  E  A  J  S  K  L  I  M  A  F  N  G  И
A  F  M  J  M  K  T  V  E  A  A  C  E  E  P  Y
F  F  C  J  K  E  E  V  O  Ć  N  J  A  K  P  C
```

BOTANIČKI	CVET
BUKET	CVETNI
KLIMA	SEME
JESTIVO	VLAGE
KOMPOST	KONTEJNER
VODA	SEZONSKI
VRSTE	PRLJAVŠTINE
EGZOTIČNE	ZEMLJA
LIŠĆE	CREVO
LIST	VOĆNJAK

43 - Entreprise

```
P R O D A J A E F F A B R I K E
E H L T N F E P U D L N E E И Z
F F S S V B S K P S N O A O N A
I M T A C V A D O L S O P V T P
K U T F A V P P Y N I A C H R O
O A Z C S T T P N K O P И H O S
U J N D A R E O T A L M P H Š L
O I Z C U B P R R A F I A K E
M S I C E L P E T I B O D J A N
Y N S R S L B Z R J P F O I E O
C A V O N R A V P E I A H N T G
U N A S И O D R D R J H I A T I
P I L E J B J P I A N C R P R V
M F U Z H E R B P J V Z P M T J
K K T E Ž D U B L B E B O O F F
И D E J I C K A S N A R T K E P
```

NOVAC

RADNJU

BUDŽET

KANCELARIJE

KARIJERA

TROŠKA

VALUTE

POSLODAVCA

ZAPOSLENOG

KOMPANIJA

EKONOMIJE

FINANSIJA

POREZ

ROBE

DOBIT

PRIHOD

TRANSAKCIJE

FABRIKE

PRODAJA

44 - Activités

```
I  P  R  I  B  O  L  O  V  S  L  I  K  U  P  V
O  N  D  O  B  O  L  S  L  U  G  F  Z  T  P  P
O  V  T  S  N  A  V  O  T  Š  A  B  A  H  Y  E
V  L  S  E  J  N  A  T  I  Č  J  A  N  E  P  H
T  Z  O  K  R  P  Z  P  M  I  I  P  A  J  L  N
S  K  N  E  V  E  Z  I  B  R  G  P  T  I  O  D
J  A  V  R  T  R  S  I  U  P  A  Z  A  F  V  S
L  M  I  A  Š  G  F  E  G  S  M  Z  Z  A  V  P
O  P  T  M  V  I  K  E  D  P  L  A  S  R  H
V  O  K  I  E  V  B  O  O  P  L  I  G  G  Z
O  V  A  K  E  L  Š  E  U  M  E  T  N  O  S  T
D  A  E  C  M  И  T  N  T  И  Z  C  T  F  N
A  N  И  H  A  L  I  F  I  J  H  F  A  O  Z  K
Z  J  И  Y  K  T  D  O  P  N  E  N  Z  F  D  A
K  E  B  A  J  I  C  A  S  K  A  L  E  R  N  S
P  L  A  N  I  N  A  R  E  N  J  E  T  H  S  U
```

AKTIVNOST	IGRE
UMETNOST	ČITANJE
ZANATA	SLOBODNO
KAMPOVANJE	MAGIJA
KERAMIKE	SLIKU
LOV	RIBOLOV
VEŠTINA	FOTOGRAFIJE
ŠIVENJE	ZADOVOLJSTVO
INTERESE	PLANINARENJE
BAŠTOVANSTVO	RELAKSACIJA

45 - Mode

```
C И D O Z L K P B A C Y E F N R
V P C H Y P R D O U Z P I P V F
T E S A A B H A M V O D E Ć U A
O C Z T R E N D H P O И O T T
S K R O M A N F O H O L I T S S
P P P N T E K S T U R E J F A I
E L E G A N T A N K I V V N Y L
P N И И Y V R Y E I J Z A Z I A
B U T I K A A K E E Č I P K E M
C N A R I C I T S I F O S D O I
M O D E R A N E S J G Y Z U B N
P R A K T I Č N E O Y C I G R I
T K A N I N A P O P N A L M A M
D H I P E G K V P U C D N A Z S
T J F Y J Y U Z G K M U E D A F
O E D A K F I G J S B F D J C Y
```

POVOLJNIM
BUTIK
DUGMAD
VEZ
SKUPO
ČIPKE
ELEGANTAN
MINIMALISTA
MODERAN
SKROMAN

OBRAZAC
PRAKTIČNE
JEDNOSTAVAN
SOFISTICIRAN
STIL
TREND
TEKSTURE
TKANINA
ODEĆU

46 - Fleurs

```
L  V  R  U  Ž  O  B  P  G  И  D  L  T  H  И  V
P  A  E  V  P  I  U  O  P  R  D  I  Z  J  E  D
L  Ž  V  D  P  V  K  O  E  A  A  L  P  J  V  Y
U  U  O  A  B  A  E  J  A  C  B  I  S  C  A  R
M  R  L  J  N  G  T  E  K  A  O  E  V  L  A  A
E  P  F  E  T  D  K  G  A  R  D  E  N  I  J  A
R  P  N  D  P  V  E  M  M  N  I  M  S  A  J  L
I  Z  O  I  S  L  И  A  B  A  I  I  Y  O  E  A
J  Z  I  H  U  N  O  G  И  C  S  L  P  P  H  L
A  R  S  R  K  P  A  N  K  O  Y  L  E  P  C  O
R  A  S  O  S  J  K  O  T  H  D  A  A  T  N  S
A  E  A  C  I  T  A  L  N  И  L  P  A  Č  E  R
K  N  P  M  B  F  G  I  B  Z  G  I  P  Y  A  D
Y  B  G  K  I  M  D  J  Y  И  J  E  P  L  И  K
B  K  M  J  H  O  T  E  R  K  O  C  N  U  S  T
J  O  R  G  O  V  A  N  E  U  O  E  И  B  P  U
```

BUKET	PASSIONFLOVER
GARDENIJA	MAKA
HIBISKUS	LATICA
JASMIN	MASLAČAK
LAVANDE	BOŽUR
JORGOVAN	PLUMERIJA
LILI	RUŽA
MAGNOLIJE	SUNCOKRET
DEJZI	DETELINA
ORHIDEJA	LALA

47 - Nourriture #2

```
Y A Y Z T R I B E G A Y P И H R
B A D E M B V A D A L O K O Č J
L J S I Y U I B T F M J G O R A
P I V A N G K D S Z И G I S P J
E M И B Č M P U F L T C T V F E
T O N Y A P A R A D A J Z L A J
J D K P N A Ž D I L T A P F Đ N
Y U M D I V B R O K O L I C Ž Š
B M A L R L B J A B U K A G O I
A И E C I N E Š P A O O N I R V
N A C O P Z L U H K J Y E L G E
A K G E S O H B И U E V S G V Y
N E Z Z L V O C H A A F L I I P
E Y H M E E M A N G O Š U N K A
O G P O J S R J O T L H K И P K
G S S Z O D G F E K И U T R Z C
```

BADEM	KIVI
PATLIDŽAN	MANGO
BANANE	JAJE
PŠENICE	HLEB
BROKOLI	RIBE
VIŠNJE	JABUKA
CELER	PILE
GLJIVA	GROŽĐA
ČOKOLADA	PIRINAČ
ŠUNKA	PARADAJZ

48 - Algèbre

```
F  D  Z  A  И  A  F  M  D  I  T  H  P  N  P  Y
K  L  I  A  N  I  Č  A  N  D  E  J  A  A  L  T
C  И  A  J  G  Z  D  L  T  S  N  F  B  I  N  Z
H  G  A  Ž  A  R  F  U  S  E  R  R  E  Š  I  A
M  I  N  T  N  G  A  N  E  И  A  V  A  T  F  K
A  U  J  I  P  E  R  D  J  R  E  Š  E  N  J  E
T  D  A  V  L  U  G  A  A  F  N  G  U  E  O  K
R  P  R  O  B  L  E  M  M  A  I  P  J  N  R  O
I  K  K  O  S  U  C  U  A  K  L  F  L  O  B  L
C  Y  S  B  A  M  F  Y  Y  T  Y  Y  И  P  L  I
A  D  E  P  F  R  I  E  A  O  P  M  M  S  Y  Č
P  D  B  И  I  O  O  Y  J  R  F  H  S  K  U  I
И  E  R  H  R  F  U  P  K  R  C  O  D  E  T  N
P  R  O  M  E  N  L  J  I  V  A  A  E  D  P  A
C  O  D  U  Z  I  M  A  N  J  E  S  H  J  U  H
B  O  U  F  R  A  K  C  I  J  A  H  Z  A  Z  V
```

DIJAGRAM	MATRICA
EKSPONENT	BROJ
JEDNAČINA	ZAGRADA
FAKTOR	PROBLEM
LAŽNE	KOLIČINA
FORMULU	REŠI
FRAKCIJA	REŠENJE
GRAF	ODUZIMANJE
BESKRAJNA	PROMENLJIVA
LINEARNE	NULA

49 - Océan

```
H  Č  K  P  G  K  D  P  S  P  P  E  O  J  V  N
H  O  A  L  V  U  T  C  H  E  И  S  R  S  J  I
E  S  B  M  P  A  S  S  G  P  N  D  I  P  R  Z
B  P  M  O  A  Z  P  K  R  E  U  A  B  A  F  T
H  Z  V  R  T  C  C  B  E  G  L  A  E  T  P  F
O  H  D  H  J  N  P  I  B  T  A  L  A  S  A  P
A  A  E  L  E  T  I  G  E  A  I  V  E  S  Z  C
H  B  L  J  T  D  И  C  N  B  V  C  I  Y  J  K
O  T  F  C  M  T  Z  T  E  A  J  U  L  O  K  L
P  R  I  P  M  A  K  Š  D  R  A  E  S  S  O  A
V  J  N  A  A  L  Z  T  I  K  T  S  Z  T  R  I
И  U  I  L  N  U  A  Z  U  D  E  M  P  R  N  H
K  O  R  A  L  K  R  E  Đ  N  U  S  T  I  J  B
J  E  G  U  L  J  A  R  N  A  A  И  C  G  A  T
Y  V  A  И  P  A  P  P  G  J  H  A  J  A  Č  I
И  И  P  A  B  G  E  P  J  L  M  B  D  L  A  E
```

ALGE

JEGULJA

KIT

ČAMAC

KORAL

KRABA

ŠKAMPI

DELFIN

SUNĐER

OSTRIGA

MEDUZA

RIBE

HOBOTNICE

AJKULA

GREBEN

SO

OLUJA

TUNA

KORNJAČA

TALASA

50 - Antiquités

```
R  S  T  A  R  I  R  I  G  A  V  A  B  R  I  L
K  E  K  I  L  S  O  P  A  P  D  I  P  O  K  Z
K  V  S  G  E  T  Z  J  L  U  A  P  R  D  E  B
N  И  A  T  I  K  A  N  L  O  I  B  И  A  C  R
A  E  Y  L  A  J  I  C  I  T  S  E  V  N  I  V
Č  K  O  S  I  U  F  U  M  Z  J  J  V  N  N  E
I  V  A  B  Z  T  R  E  L  E  G  A  N  T  A  N
T  E  L  И  I  U  E  A  N  E  C  T  Z  S  V  V
N  K  Z  F  J  Č  E  T  C  Y  E  Š  N  O  O  I
E  T  L  M  I  I  N  H  E  I  A  E  F  N  K  T
T  J  T  K  C  V  E  O  P  H  J  M  C  T  D  A
U  O  V  G  K  A  J  I  R  E  L  A  G  E  F  R
A  O  E  R  U  T  P  L  U  K  S  N  U  M  K  O
S  T  I  L  A  V  R  E  D  N  O  S  T  U  M  K
U  L  B  K  I  Z  L  E  A  A  U  J  B  R  T  E
J  J  H  Y  R  P  J  M  D  F  K  N  U  H  E  D
```

UMETNOST
AUTENTIČAN
NAKIT
DEKORATIVNE
AUKCIJI
ELEGANTAN
GALERIJA
NEOBIČNO
INVESTICIJA
NAMEŠTAJ

SLIKE
KOVANICE
CENA
KVALITET
RESTAURACIJA
SKULPTURE
VEK
STIL
VREDNOST
STARI

51 - Réchauffement Climatique

```
P  M  Đ  U  N  A  R  O  D  N  I  A  F  C  O
J  O  V  Z  A  R  Z  G  C  A  K  I  T  K  R  A
C  E  D  V  H  J  B  G  R  M  T  G  Š  B  U  M
B  H  A  A  D  A  S  Y  A  C  N  И  I  S  P  R
U  B  Z  J  T  Y  A  J  I  G  R  E  N  E  N  Y
P  K  D  N  P  A  G  U  V  I  E  P  A  J  H  V
Z  L  U  Ž  O  I  K  P  O  B  J  V  T  A  A  S
G  I  D  A  A  F  Y  A  V  V  I  C  S  M  K  D
A  M  I  P  K  R  I  Z  E  L  C  B  I  N  Š  D
Y  A  M  B  J  U  E  J  I  C  A  L  U  P  O  P
B  U  D  U  Ć  N  O  S  T  K  R  D  R  I  L  B
Z  A  K  O  N  A  U  V  K  O  E  L  A  R  O  A
N  A  U  Č  N  I  K  M  P  Y  N  S  S  G  K  B
I  N  D  U  S  T  R  I  J  A  E  C  A  M  E  B
U  H  A  Y  L  K  E  A  Y  A  G  F  O  O  I  Z
T  E  M  P  E  R  A  T  U  R  E  J  K  U  I  L
```

ARKTIK	GENERACIJE
PAŽNJA	VLADA
KLIMA	STANIŠTA
KRIZE	INDUSTRIJA
RAZVOJ	MEĐUNARODNI
PODATAKA	ZAKONA
EKOLOŠKA	SADA
ENERGIJA	POPULACIJE
BUDUĆNOST	NAUČNIK
GAS	TEMPERATURE

52 - Ballet

```
I  T  O  J  A  D  J  E  P  H  T  R  P  K  E  G
J  E  P  E  I  L  A  V  U  P  P  A  R  R  R  R
V  H  M  B  A  I  T  V  B  M  Z  T  R  M  O  A
K  N  N  A  M  V  S  L  L  I  T  S  V  И  T  C
H  I  F  J  T  T  E  T  I  Z  N  E  T  N  I  I
A  K  D  I  G  I  G  J  K  Y  F  K  O  T  Z  O
Ć  A  A  F  A  K  R  U  E  B  И  R  A  U  O  Z
I  Z  R  A  Ž  A  J  A  N  G  C  O  P  N  P  A
Š  J  G  R  Č  O  S  N  Z  L  Y  F  L  J  M  N
I  N  A  G  O  A  N  I  T  Š  E  V  A  B  O  J
M  I  P  O  V  K  S  R  S  D  H  K  U  O  K  H
F  A  N  E  M  I  R  E  B  O  R  P  Z  F  U  V
R  U  J  R  M  Z  C  L  L  N  L  L  R  V  T  Z
V  M  K  O  T  U  U  A  E  P  D  O  B  O  D  K
H  U  A  K  L  M  И  B  N  K  V  T  I  K  N  U
U  M  E  T  N  I  Č  K  E  M  И  S  B  Y  H  U
```

APLAUZ
UMETNIČKE
BALERINA
KOREOGRAFIJA
VEŠTINA
KOMPOZITOR
PLESAČA
IZRAŽAJAN
GEST
GRACIOZAN

INTENZITET
MIŠIĆA
MUZIKA
ORKESTAR
PUBLIKE
PROBE
RITAM
SOLO
STIL
TEHNIKA

53 - Fruit

```
J B R E S K V E B P Y U I D И P
K A C K F B N S A N A N A R D O
A Đ B Š A D U L N E D P G D G M
J Ž J U M L O D A K O V A J B O
S O P R K H G R N U M I L J K R
I R E K K A N L E V N J O P A A
J G Z T V L A O N L J T M M H N
E C O Y B F M G I F A P B I U D
D T R A O L F J L T H E M S Z Ž
V I V I K Z R T A I F V S O A A
A R N U C L E H M A L P V S C T
N R J J B V S U C A A Z Y Z R U
U E K O A P H H A E H R A L F N
P B S D V Z N E K T A R I N A N
V I Š N J E M F P S C E A V S F
T E N K H J L N R A I F B I V F
```

KAJSIJE   MANGO
ANANAS   DINJA
AVOKADO   NEKTARINA
BERRI   POMORANDŽA
BANANE   PAPAJA
VIŠNJE   BRESKVE
LIMUN   KRUŠKE
FIG   JABUKA
MALINE   PLAM
KIVI   GROŽĐA

54 - Musique

```
K L A S I Č N E A O V Y F G S F
A L I M G U A F R B I F Z R N R
O P M E T E T C N E A L P Z I H
T N E M U R T S N I R O U N M A
P P E V P E S N I Č K E R O A R
H Z F O A C J G K A M R P F N M
O L R F S Č G P И Z C T I O J O
L B V G K P I Y B S C L O R E N
R G K P Z E U C M U Z I Č K E I
A I T H J V K E A U F A И I C K
Č P T K A A D A L A B K Y M D A
I F J M N M A L B U M R I T A M
Z G B F I B I J K U D M И U Y I
U G C U J Č L I R S K I A D H И
M V O K A L K M E L O D I V C S
A Z O U D L Y E J I N O M R A H
```

ALBUM	MELODI
BALADA	MIKROFON
PEVAM	MUZIČKE
PEVAČICA	MUZIČAR
KLASIČNE	OPERE
SNIMANJE	PESNIČKE
HARMONIJE	RITAM
HARMONIKA	RITMIČKE
INSTRUMENT	TEMPO
LIRSKI	VOKAL

55 - Météo

```
B K G C G N P H T R O P S K E M
C Z A K K M Z A N E B E P A Š O
P O V E T A R A C Y E F C L U N
G P R R P R J A B N A V B S S
U N N S E E S U Y K И L D O C U
R A K S O F E U L K K J Y K L N
A L G A M S J H V O O M I R N O
G A И M V O U A И A V S N A Y D
A И T I N M L M J L P N R L V A
N P C L B T D O K И P N A E E N
D M P K B A C J K J K Y L D T R
V U G R M L J A V I N A O L A O
H B G U K J P M H R K Z P R R T
N N Y A T E M P E R A T U R A E
E N Y D I P A A K S K U V I O R
P H J M K Z S Y U K E I H E J B
```

DUGA
ATMOSFERA
POVETARAC
MAGLA
MIRNO
NEBO
KLIMA
LED
MONSUN
OBLAK

URAGAN
POLARNI
SUVA
SUŠE
TEMPERATURA
OLUJA
GRMLJAVINA
TORNADO
TROPSKE
VETAR

56 - L'Entreprise

```
T  K  F  E  K  O  D  L  U  K  A  P  C  A  A  A
E  R  R  D  O  T  P  E  T  I  F  R  Y  I  P  Y
T  R  E  E  K  J  M  N  L  O  M  O  B  N  D  I
I  E  J  N  A  C  V  Z  U  G  M  I  F  V  P  L
L  S  N  O  D  T  K  M  T  И  U  Z  G  E  R  P
A  U  E  Z  E  O  I  F  S  I  J  V  L  S  I  R
V  R  L  K  R  A  V  V  O  M  E  O  O  T  H  E
K  S  S  D  P  P  N  E  N  P  D  D  B  I  O  Z
V  E  O  R  A  K  G  H  Ć  E  I  U  A  C  D  E
M  L  P  I  N  И  C  J  U  И  N  P  L  I  G  N
P  N  A  Z  H  R  A  Y  G  P  I  J  N  J  H  T
O  T  Z  I  J  K  H  I  O  O  C  S  O  A  V  A
S  P  D  C  G  R  C  G  M  T  E  Y  Y  G  J  C
A  A  J  I  R  T  S  U  D  N  I  A  J  O  Y  I
O  A  P  R  O  F  E  S  I  O  N  A  L  N  I  J
I  T  P  I  N  O  V  A  T  I  V  N  E  O  L  A
```

POSAO	PROIZVOD
KREATIVNE	PROFESIONALNI
ODLUKA	NAPREDAK
ZAPOSLENJE	KVALITET
GLOBALNO	RESURSE
INDUSTRIJA	PRIHOD
INOVATIVNE	UGLED
INVESTICIJA	RIZICI
MOGUĆNOST	TRENDOVE
PREZENTACIJA	JEDINICE

57 - Gouvernement

```
S  Z  I  C  T  D  C  F  B  C  S  P  M  E  K  E
Y  P  L  U  T  N  S  K  C  I  L  M  A  U  K  Z
I  Y  O  C  F  Z  R  R  O  V  O  G  P  M  P  R
V  T  Y  M  F  K  M  T  P  I  B  P  O  P  L  N
O  K  L  V  E  K  I  T  I  L  O  P  Z  B  V  V
K  K  V  G  И  N  C  N  A  N  D  C  A  T  T  L
T  Z  A  M  Z  A  I  R  N  I  E  V  A  Ž  R  D
O  A  P  H  I  B  D  K  L  L  U  A  S  E  F  V
Z  A  K  O  N  N  E  Z  A  V  I  S  N  O  S  T
N  A  C  I  J  E  K  S  N  D  U  T  K  F  I  N
M  V  Z  И  V  P  S  V  O  O  V  S  A  T  U  S
I  A  K  N  D  Z  D  T  I  P  V  A  T  U  O  I
R  R  A  K  V  N  U  Z  C  H  D  D  R  A  P  M
N  P  P  H  J  P  S  B  A  P  C  P  P  P  V  B
O  H  A  T  S  O  K  A  N  D  E  J  G  Y  L  O
L  И  D  R  Ž  A  V  L  J  A  N  S  T  V  A  L
```

DRŽAVLJANSTVA	PRAVDA
CIVILNI	SLOBODE
USTAV	ZAKON
GOVOR	SPOMENIK
PRAVA	NACIJE
JEDNAKOST	NACIONALNA
DRŽAVE	MIRNO
NEZAVISNOST	POLITIKE
SUDSKE	SIMBOL

58 - Randonnée

```
C И N P F V K V R E M E I B A U
D T C L Y S N A K Š E T H O B H
И F P A M I L K M P A T B F L H
A D U N A R O M U P D F P F J J
I B M I C F L R G T O L A D B T
T V D N B B Y J V Z R V T V E B
C A I E K A P И O V I Y A C D G
S K V J C I N Y D P R F A N A A
F K L N Y N N И I O P B Z I J M
M L J I H A U Y Č L Č I Z M E E
K I A T I M A S I O E Y N P L R
E F D O F U H F C Ž J E Y L R P
U Z F V K I U U B A I E M E N I
L M P I Y G N J E J N E M A K R
И V G Ž V O D A V O K R A P P P
E T S M Y I J E I G B H I E I A
```

ŽIVOTINJE	VREME
ČIZME	PLANINE
KAMPOVANJE	PRIRODA
MAPA	POLOŽAJ
KLIMA	PARKOVA
VODA	KAMENJE
KLIF	PRIPREMA
UMORAN	DIVLJA
VODIČI	SUNCE
TEŠKA	SAMIT

59 - Nutrition

```
K K C T E Ž I N A P I I N M H D
A N V A R D Z P L R P N K D D B
L F I A U H P G V O D A J B K P
O I U U L N E Ž E T O N V A R U
R G G V J I M R L E V I E U B Z
I И O T V N T R N I M A T I V D
J A J R B I J E K N O P P I P R
A U R N K Č Y N T A O T R O V A
J B K И C A S A S T O J C I V V
E И G U B Z Y O P E I V A L A L
S J O K S O S S L J H P B D R J
T A P E T I T C F I G R D O E E
I S P A P O Y H И D C A R L N B
V F E R M E N T A C I J E U J A
O R O T D Z U T D Y J A B P E T
K N I Y D A T E Č N O S T I A I
```

GORKA
APETIT
KALORIJA
JESTIVO
DIJETA
VARENJE
ZAČINI
URAVNOTEŽEN
FERMENTACIJE
SASTOJCI

TEČNOSTI
TEŽINA
PROTEINA
KVALITET
ZDRAV
ZDRAVLJE
SOS
UKUS
OTROV
VITAMIN

60 - Créativité

```
I E I U F V J A S N O Ć E L Z Z
N M S P O N T A N I F J K A G K
T O D R A M A T I Č A N A И U A
E C P U A J I C A Z N E S J H U
N I N V I T N E V N I B I N E T
Z J O S E Ć A N J A I Y T A C E
I A S Z F U K C И J D T U M D N
T L J P H J I A И I E T Š A M T
E F D T G I L O U C J S A E И I
T B A A D C S O A A E O S K V Č
U M E T N I Č K E R P N S O U N
I A Y A F U U Y K I P L T D P O
Z Y P H G T V Z L P N A V A Y S
R D Z F T N G S P S R T E D L T
A S Y H G I M Y P N G I G F P T
Z T V I Z I J E S I J V P T L P
```

UMETNIČKE
AUTENTIČNOST
JASNOĆE
VEŠTINA
DRAMATIČAN
IZRAZ
EMOCIJA
IDEJE
SLIKA
MAŠTE

UTISAK
INSPIRACIJA
INTENZITET
INTUICIJU
INVENTIVNI
SENZACIJA
OSEĆANJA
SPONTANI
VIZIJE
VITALNOST

61 - Science Fiction

```
A A L K C S B P O K S O I B T I
O B S B T V F L F S И M P B A P
U Z Y H F E O A J I S K A L A G
A B H N O T E N R A N I G A M I
O H Z E B A F E U P P K D T J R
A I И V D H L T N T E L G O P E
G И T T S K V E A M O И И B T A
G C A S M O N I M T E P J O A L
T E H N O L O G I J A R I R L N
O I R A N E C S S Z U A T J P O
A V Y J U L A V Y G A Ž E S E S
Y B A A K N J I G E Z O V B K F
F A N T A S T I Č A N P N T Z E
E G J I A T O M S K E E O J T L
L E K S P L O Z I J E B U I H P
I Z B B I L U Z I J E I U O F И
```

ATOMSKE
BIOSKOP
EKSPLOZIJE
EKSTREMNE
FANTASTIČAN
POŽAR
GALAKSIJA
ILUZIJE
IMAGINARNE

KNJIGE
SVET
TAJANSTVEN
PLANETE
REALNO
ROBOTA
SCENARIO
TEHNOLOGIJA
UTOPIJE

62 - Professions #1

```
S  I  C  O  L  T  L  B  A  K  P  K  U  U  D  A
E  S  A  N  I  A  T  B  N  G  S  F  R  M  F  M
M  M  P  R  P  Y  F  U  V  R  T  K  E  E  P  B
F  E  E  A  K  P  Z  L  A  T  A  R  D  T  Z  A
H  J  Z  Č  I  C  B  G  A  F  K  A  N  N  G  S
A  T  S  I  N  A  J  I  P  C  O  K  I  I  G  A
И  M  J  Z  Č  S  K  R  R  Z  V  E  K  K  H  D
C  N  N  U  U  A  T  V  B  M  D  L  Z  A  N  O
G  R  R  M  A  G  P  L  E  S  A  Č  I  C  A  R
D  B  E  F  N  O  O  V  E  T  E  R  I  N  A  R
B  A  N  K  A  R  S  L  T  J  G  E  O  L  O  G
O  F  E  I  T  T  M  E  O  B  U  I  O  L  Y  J
F  J  R  B  И  A  N  G  S  H  G  I  S  O  U  O
P  S  T  I  A  V  Z  A  M  T  I  A  S  V  L  S
A  S  T  R  O  N  O  M  D  O  R  S  F  A  P  U
K  A  R  T  O  G  R  A  F  R  G  A  P  C  R  A
```

AMBASADOR	UREDNIK
UMETNIK	GEOLOG
ASTRONOM	SESTRA
ADVOKAT	LEKAR
BANKAR	MUZIČAR
ZLATAR	PIJANISTA
KARTOGRAF	VATROGASAC
LOVAC	PSIHOLOG
PLESAČICA	NAUČNIK
TRENER	VETERINAR

63 - Géologie

```
L  K  R  I  S  T  A  L  A  F  O  S  I  L  F  M
B  K  A  V  E  R  N  A  K  C  A  H  N  O  P  I
K  A  L  C  I  J  U  M  O  H  R  V  O  A  S  N
V  G  E  J  Z  I  R  V  R  V  A  P  Z  Z  I  E
T  N  E  J  S  Z  S  V  P  N  K  A  M  E  N  R
A  P  V  I  S  T  D  H  O  Z  N  E  B  J  E  A
O  A  T  F  L  N  A  G  Y  N  G  N  K  I  J  L
P  A  N  A  G  E  F  L  B  J  R  I  Z  Z  L  A
K  K  J  A  H  N  T  A  A  N  A  L  Z  O  P  P
O  O  G  F  F  I  O  T  F  K  D  E  N  R  O  S
N  J  R  S  S  T  I  P  A  P  T  S  S  E  T  L
S  T  G  A  Y  N  A  K  L  U  V  I  O  N  S  O
N  K  D  Z  L  O  H  C  R  A  V  K  T  P  A  J
S  D  L  C  Y  K  P  S  H  S  T  N  I  F  R  L
A  P  L  B  I  F  I  Y  C  U  U  O  F  P  B  I
L  A  V  A  P  B  T  N  E  V  E  A  S  T  R  P
```

KISELINE	GEJZIR
KALCIJUM	LAVA
KAVERNA	MINERALA
KONTINENT	KAMEN
KORAL	PLATO
SLOJ	KVARC
KRISTALA	SO
EROZIJE	STALAKTIT
RASTOPLJENI	VULKAN
FOSIL	ZONI

64 - Jardin

```
O V E R C K B P M Y C K I J И Z
N G D A S N A A S A R E T E V C
E L R K P V Y Ć Š T P Y E Z V A
H E J A J L M E Z T I T V E S B
A A H L D K R S U U A V A R T L
D S G N R E G I A D P O T U E D
N R L I N J A V C M U R A F P L
J R V L G L K S J I L O P T L И
A B A O E B F Z И E K K O N L T
S P I P P A J F V B A A L M H L
D E L M P R P G A E J J S J V K
G A K A E G O A R A N N P И L J
R I Z R R D И R D P V Ć Z O A R
P L И T J L H A A Y A O I Y O M
I S A Z U L P Ž A A R V S P E H
R P L G R D C A B L T I И P K R
```

DRVO	KOROV
KLUPA	LOPATA
GRM	TRAVNJAK
OGRADE	GRABLJE
JEZERU	ZEMLJA
CVET	TERASA
GARAŽA	TRAMPOLIN
VISEĆA	CREVO
TRAVA	VOĆNJAK
BAŠTA	VAJN

65 - Santé et Bien Être #1

```
M  K  P  H  K  L  V  A  J  J  R  H  R  K  G  L
E  K  E  T  O  P  A  R  K  U  H  A  E  E  L  И
M  И  V  H  F  R  A  K  E  L  K  P  F  C  A  T
N  A  Ć  I  Š  I  M  N  A  R  O  G  L  J  D  V
V  A  A  I  S  E  A  O  G  I  S  R  E  K  K  U
E  K  V  C  A  I  V  L  N  S  T  P  K  O  C  Z
P  Z  A  I  P  J  N  I  E  A  I  O  S  Ž  N  N
T  F  T  N  K  K  H  A  P  У  И  V  J  A  Y  J
R  G  S  I  U  A  V  I  R  U  S  R  N  Y  P  C
L  E  K  L  P  R  E  L  O  M  B  E  J  C  F  F
O  H  E  K  T  R  E  T  M  A  N  D  Z  Z  T  A
C  A  L  N  A  J  I  R  E  T  K  A  B  C  Z  P
E  A  K  T  I  V  A  N  O  M  L  V  B  S  V  H
I  H  F  G  E  B  L  K  T  E  R  A  P  I  J  A
E  R  P  R  O  J  И  J  C  P  T  P  P  J  Y  D
Z  R  L  O  И  B  I  E  T  A  S  U  F  E  L  V
```

AKTIVAN	LEK
BAKTERIJA	MIŠIĆA
POVREDA	KOSTI
KLINICI	KOŽA
GLAD	APOTEKE
PRELOM	STAV
NAVIKA	REFLEKS
VISINA	TERAPIJA
HORMONA	TRETMAN
LEKAR	VIRUS

66 - Barbecues

```
M  I  Z  Z  B  V  D  D  N  L  U  P  H  L  H  M
R  O  Š  T  I  L  J  L  G  K  S  K  H  V  O  O
G  E  P  O  R  O  D  I  C  A  E  G  F  L  И  A
A  Ć  B  S  O  S  G  V  R  U  Ć  E  L  I  P  A
И  O  J  I  V  E  Ž  O  N  V  R  T  Y  A  A  K
P  V  V  M  B  S  D  M  H  U  V  A  M  I  D  F
M  L  E  T  O  M  Z  A  Z  K  O  L  J  Z  A  S
O  U  A  E  I  C  D  E  C  A  P  A  O  L  T  P
A  V  Z  D  J  L  B  R  T  Č  I  S  U  Z  R  Y
J  P  J  I  J  I  G  G  E  U  B  Z  E  И  V  G
U  T  Z  K  K  L  K  I  I  R  O  R  F  V  E  M
F  P  Y  J  D  A  A  R  J  И  A  A  U  G  G  T
Z  P  A  R  A  D  A  J  Z  H  Z  M  Z  C  H  Z
B  V  E  Č  E  R  A  T  V  R  P  D  Y  L  N  O
A  H  И  Z  D  T  C  H  D  N  И  K  R  U  M  Y
J  A  U  G  O  H  P  Z  P  J  M  M  Z  K  L  I
```

VRUĆE	IGRE
NOŽEVI	POVRĆE
RUČAK	MUZIKA
VEČERA	LUK
DECA	BIBER
LETO	PILE
GLAD	SALATE
PORODICA	SOS
VOĆE	SO
ROŠTILJ	PARADAJZ

67 - Forêt Tropicale

```
S  Z  C  R  R  M  C  K  P  D  Ž  U  N  G  L  I
I  O  A  O  A  E  E  G  И  R  P  K  T  T  A  G
S  Č  P  J  S  C  F  V  O  Y  I  T  R  R  V  H
A  U  A  O  E  Z  N  L  E  D  C  R  L  T  K  P
R  V  T  B  N  D  O  C  Z  M  H  И  O  D  N  K
A  A  V  L  D  U  N  M  K  A  S  O  J  D  D  L
F  N  V  A  E  H  G  I  T  K  E  S  N  I  A  E
I  J  O  C  R  G  P  G  C  E  S  V  J  Z  Y  P
D  E  D  I  V  Z  J  U  L  A  O  R  G  H  P  M
T  S  O  K  I  L  O  N  Z  A  R  S  P  F  T  A
И  C  Z  U  T  O  Č  I  Š  T  E  T  Y  R  I  H
E  P  E  O  P  S  T  A  N  A  K  E  L  V  C  O
E  R  M  V  S  B  O  T  A  N  I  Č  K  I  E  V
B  P  C  P  U  R  O  N  P  G  K  L  I  M  A  I
D  C  I  A  U  T  O  H  T  O  N  I  H  P  P  N
R  E  S  T  A  U  R  A  C  I  J  A  R  Y  Z  A
```

VODOZEMCI
BOTANIČKI
KLIMA
ZAJEDNICA
RAZNOLIKOST
VRSTE
AUTOHTONIH
INSEKTI
DŽUNGLI
SISARA

MAHOVINA
PRIRODA
OBLACI
PTICE
VREDNE
OČUVANJE
UTOČIŠTE
RESTAURACIJA
OPSTANAK

68 - Ferme #1

```
B  Z  Y  I  R  J  Y  D  K  E  I  M  H  U  T  P
Y  I  M  R  V  C  F  A  Z  O  K  P  И  R  A  Č
S  A  Z  A  V  G  T  N  K  N  N  E  L  E  T  E
M  N  C  O  I  A  L  A  A  D  A  J  Z  D  D  L
A  D  O  V  N  P  C  R  V  E  L  L  B  P  M  A
G  U  V  E  D  E  R  V  I  R  P  O  J  L  O  P
A  L  V  D  V  A  M  A  R  M  P  P  H  R  E  U
R  A  M  A  T  I  B  Y  B  E  A  P  F  C  I  O
A  K  O  R  Y  U  Z  F  U  D  P  B  И  P  Y  R
C  A  K  G  C  S  C  P  Đ  G  И  Z  T  A  D  G
U  S  P  O  D  P  E  P  A  P  E  Y  T  C  J  M
J  K  T  H  И  Č  A  N  I  R  I  P  T  J  B  I
L  I  V  A  T  P  P  B  O  I  T  B  S  A  O  C
D  N  R  A  L  A  A  T  T  A  A  P  G  N  H  E
P  I  L  E  S  I  S  M  A  Č  K  A  B  O  T  V
K  R  A  V  A  J  L  N  J  P  И  E  H  F  A  V
```

PČELA	VRANA
POLJOPRIVREDE	VODA
MAGARAC	ĐUBRIVA
BIZON	SENO
POLJE	MED
MAČKA	PILE
KONJ	PIRINAČ
KOZA	JATO
PAS	KRAVA
OGRADE	TELE

69 - Antarctique

```
B  E  J  M  K  T  O  P  O  G  R  A  F  I  J  E
L  E  D  P  R  O  U  C  A  S  И  И  I  O  I  M
M  P  K  A  O  A  N  D  E  O  Z  G  O  P  L  F
I  I  B  G  K  V  D  T  J  Z  U  N  A  U  U  D
S  M  G  A  I  P  C  E  I  J  J  L  Y  R  K  C
T  I  E  R  Z  V  T  C  F  N  N  J  И  A  U  A
R  N  K  U  A  A  Y  T  A  J  E  N  Č  U  A  N
A  E  S  T  D  C  J  A  R  V  Ž  N  P  T  N  M
Ž  R  P  A  O  O  I  Y  G  O  U  J  T  G  U  D
I  A  E  R  V  Č  O  J  O  A  R  E  Č  E  L  G
V  L  D  E  B  U  S  D  E  P  K  I  T  O  V  A
A  A  I  P  B  V  I  V  G  T  O  I  A  L  Z  И
Č  C  C  M  C  A  Z  Z  A  I  O  S  T  R  V  A
F  C  I  E  L  N  P  P  R  C  N  V  H  S  F  И
S  C  J  T  E  J  K  U  G  E  E  E  S  J  C  P
S  J  E  J  G  E  P  O  L  U  O  S  T  R  V  O
```

BEJ
KITOVA
ISTRAŽIVAČ
OČUVANJE
KONTINENT
VODA
OKRUŽENJU
EKSPEDICIJE
GEOGRAFIJE
LED

GLEČERA
OSTRVA
MIGRACIJE
MINERALA
PTICE
POLUOSTRVO
ROKI
NAUČNE
TEMPERATURA
TOPOGRAFIJE

70 - Professions #2

```
A G P R D T J L C F B G H J P E
C C L P G T I A A I B I A T S M
Y N A V O T Š A B L C R O J N D
P A T N Z F A R G O T O F L P M
L D U G F Z U P J Z M A N E O U
N I A K N P U H A O G C E T I G
O I N L C K D A V F G F B I S I
V L O G P R O N A L A Z A Č T N
I U R R V H I R U R G L U R Ž
N S T S B I B P R P E S N B A E
A T S F R T S S T N U O И A Ž N
R R A R A K E T O I L B I B I J
A A L A K E A O A B U Z F Y V E
B T L K I T T L Z O O L O G A R
U O R E L E Z I U D U L G J Č R
Z R B L S D J P N E L P L H C Z
```

ASTRONAUTA
BIBLIOTEKAR
BIOLOG
ISTRAŽIVAČ
HIRURG
ZUBAR
DETEKTIV
UČITELJ
ILUSTRATOR
INŽENJER

PRONALAZAČ
BAŠTOVAN
NOVINAR
LINGVISTA
LEKAR
SLIKAR
FILOZOF
FOTOGRAF
PILOT
ZOOLOG

71 - Les Abeilles

```
K K Z D O Y K U D O O S A P S K
I O R M A H Z R H Y B U L L T O
C B R A A A V Z I Z V N A B A Š
H S K I L F P M M L R C K T N N
I И E T S J A C N V A E И V I I
I I J S J T I O R P U T O U Š C
N I K O S J A C Z E Ć E V C T E
H O O K R N R N A K E V L R E E
P I A I N S E K T O N C A M G A
H R E L E Y H S R S E G K F H M
P K L O L B A R O I H R A N A E
P A P N O I J A J S G K D И Y D
H Z C Z P L F K A T Š A B F Y R
K E P A K J P E A E A S L J U U
L J P R T K R S A M V O Ć E J O
D I M A N E C B A A F V G Y A A
```

KRILA	STANIŠTE
KORISTAN	INSEKT
VOSAK	BAŠTA
RAZNOLIKOST	MED
ROJ	HRANA
EKOSISTEM	BILJKE
CVET	POLEN
CVEĆE	KRALJICA
VOĆE	KOŠNICE
DIM	SUNCE

72 - Santé et Bien Être #2

```
H  R  A  F  D  K  K  H  Y  T  A  L  M  I  D  D
I  N  Z  E  N  A  R  H  S  I  E  Z  P  K  A  E
G  S  Y  K  I  V  V  J  E  T  Z  L  I  A  K  H
I  N  T  I  M  A  A  A  F  E  F  L  O  L  G  I
J  E  C  T  A  R  R  B  R  P  B  J  E  O  N  D
E  A  R  E  T  O  D  M  O  A  H  B  J  R  Y  R
N  N  T  N  I  P  Z  Y  K  L  A  L  Z  I  T  A
E  A  D  E  V  O  J  H  A  U  E  M  P  J  L  C
B  T  J  G  T  E  Ž  I  N  A  C  S  I  A  O  I
A  O  D  I  M  A  S  A  Ž  A  Д  И  T  U  P  J
T  M  Y  C  G  I  N  F  E  K  C  I  J  E  H  E
B  I  B  И  T  R  B  O  L  N  I  C  A  O  A  S
K  J  A  N  O  R  E  S  T  R  E  S  P  K  P  Z
И  E  K  R  G  Y  Z  N  D  P  J  N  J  A  M  K
E  B  S  И  C  N  T  G  E  T  A  O  L  F  Y  A
Z  U  G  P  N  A  L  E  R  G  I  J  E  T  K  E
```

ALERGIJE	INFEKCIJE
ANATOMIJE	BOLEST
APETIT	MASAŽA
KALORIJA	ISHRANE
TELO	TEŽINA
DEHIDRACIJE	OPORAVAK
ENERGIJA	ZDRAV
GENETIKE	KRV
BOLNICA	STRES
HIGIJENE	VITAMIN

73 - Conduite

```
A K P G G K J A Y B P G U S L P
Y P A U S G N O K F A A P A I U
P Z O M T Y U E T P A R L O C L
M P P O I O U K S O D A V B E S
M F A O V O K O O R L Ž M R N D
Y S S A G V N Č N C E A O A C C
T E N N P I N N R T N Ć G Ć U T
F P O I E R K I U P U K A A B M
I G S Z D O K C G A T T C J P E
S I T R U G L E I S N O H A R D
N S F B L O P S S P E Š A K E K
B G A J I C I L O P L J P P V Y
U Y T E C A M O T O R Z A L O K
O G U S I U M A D K L M M Y Z R
Z C И K S P J И B K J J D H Z B
N E И N F L A R A K P P G A A M
```

NESREĆA   PEŠAK
KAMION   POLICIJA
GORIVO   PUT
MAPA   ULICI
OPASNOST   SIGURNOST
KOČNICE   SAOBRAĆAJA
GARAŽA   PREVOZ
GAS   TUNEL
LICENCU   BRZINA
MOTOR   KOLA

74 - Plantes

```
G V A R C L J K E R O L F K K B
R E S U B M A B Ć A Z T A O A A
A G A Y Y M M T Š O D Z N R K Š
S E P J G N U D I J T И I E T T
T T K И A P Š A L C R R V N U A
E A V K P A E K I N A T O B S A
T C E И S M И V O R F V H L V A
M I L A G M F P N И B F A Z A A
L J G Z R F H P N U E R M R Z M
Y E A H M O И P S D C S И P T D
Y R И V S L C T R R V U P O M S
B E R R I Z U F Y V E V P M Y T
N A J L Š R B E A O T И L P A O
E N I T Y U B A И Z H J B P F V
T B Z F I J L U S A P B J T P B
C H K Y E A И T Đ O S I T N J H
```

DRVO
BERRI
BAMBUS
BOTANIKE
GRM
KAKTUS
ĐUBRIVA
LIŠĆE
CVET
FLORE

ŠUMA
RASTE
PASULJ
TRAVA
BAŠTA
BRŠLJAN
MAHOVINA
LATICA
KOREN
VEGETACIJE

75 - Ferme #2

```
N F G R V D H V K A J N Ć O V F
A H S T V B Z P O Z H B Y C M И
V P O V R Ć A R Š P H O O A F U
O Z K Z K P K M N K M Y A U N S
D B A D L U N Z I E R L E C V O
N U K N Y V K T C P E L J V A I
J C A G N E A U A R R U N Y T T
A B И P I D A Z R M N P I P R V
V V V P A E E L O U R I T S A P
A O I H A K M R T F Z V O Ć E J
N R J A A H H E K A T S V M M E
J F N A K E L M A D A V I L A Č
E F L G G D P R R N H D Ž I L A
K S И Z Z N O A T E A K T A P M
Z И E A P T J F P S A R A B M A
P Š E N I C E E M N T Z H Z K И
```

JAGNJE
FARMER
ŽIVOTINJE
PASTIR
PŠENICE
PATKA
VOĆE
AMBAR
NAVODNJAVANJE
MLEKA

LAME
POVRĆA
KUKURUZ
OVCE
HRANA
JEČAM
LIVADA
KOŠNICA
TRAKTOR
VOĆNJAK

76 - Vacances #2

```
O  I  M  G  И  И  M  K  P  O  R  O  T  A  Š  H
B  S  E  E  J  I  C  A  V  R  E  Z  E  R  A  O
H  G  T  Y  C  E  И  Z  P  D  S  M  O  R  E  T
P  O  Š  R  V  E  Z  I  P  A  T  F  A  O  F  E
L  H  I  Z  V  D  F  V  R  Š  O  S  A  P  Z  L
O  N  D  O  B  O  L  S  E  F  R  E  S  И  B  O
P  H  E  P  K  N  A  O  V  I  A  J  N  M  C
K  D  R  U  K  L  E  D  O  S  N  N  A  B  M  R
K  S  D  T  G  L  R  M  Z  K  G  A  Ž  A  L  P
B  I  O  O  Z  Z  O  O  F  A  Y  V  R  O  M  И
V  O  Z  V  G  Y  D  R  H  T  B  O  S  T  T  N
P  R  S  A  E  N  R  N  K  R  S  P  Z  T  S  J
A  D  A  N  O  A  O  G  F  U  L  M  U  V  S  K
R  V  K  J  V  F  M  J  M  O  S  A  T  C  M  I
J  J  K  E  K  O  O  H  И  S  N  K  G  D  C  A
Z  J  D  O  M  A  P  F  K  A  M  Z  T  F  V  F
```

AERODROM
KAMPOVANJE
MAPA
ODREDIŠTE
STRANI
HOTEL
OSTRVO
SLOBODNO
MORE
PASOŠ

PLAŽA
RESTORAN
REZERVACIJE
TAKSI
ŠATOR
VOZ
PREVOZ
ODMOR
VIZA
PUTOVANJE

77 - Temps

```
P  M  B  J  A  N  T  N  N  P  M  I  N  U  T  G
J  R  G  Y  V  P  T  O  U  F  J  V  V  Z  S  O
I  Y  E  Č  U  J  G  Ć  S  D  T  K  A  T  O  D
D  E  C  E  N  I  J  E  A  J  L  E  D  E  N  I
N  U  S  I  G  O  J  P  N  I  G  N  O  I  Ć  Š
J  N  R  A  D  N  E  L  A  K  O  D  H  P  U  N
B  I  B  C  D  A  C  P  D  E  D  O  R  C  D  J
L  R  U  E  N  A  A  J  P  V  I  P  U  Y  U  E
V  T  T  S  F  D  Z  O  Y  A  N  V  L  R  B  O
C  P  D  E  V  P  M  R  K  K  A  O  K  G  E  I
G  Y  K  M  P  O  L  V  L  O  N  T  F  N  P  G
J  P  I  H  C  S  Y  S  M  D  F  L  H  K  D  E
G  U  H  P  K  L  E  S  И  P  И  B  B  A  J
P  A  T  A  S  E  B  H  Y  A  J  И  U  P  N  E
O  U  V  R  H  A  I  Z  L  R  F  Y  J  S  K  S
P  J  F  A  O  R  O  K  S  U  O  O  N  Z  M  S
```

GODINA	JUČE
GODIŠNJE	DAN
POSLE	SADA
DANAS	JUTRO
PRE	PODNE
USKORO	MINUT
KALENDAR	MESECA
DECENIJE	NOĆ
BUDUĆNOST	NEDELJA
SAT	VEK

78 - Maison

```
D D R K K И I V Y E Z F A U H A
N U J B A E K R U K I И F V V J
L C F A M H C A E E D P H T P H
F P D Š I D O T S T Š U T Y G I
E G Z T N T T A E O S N P G A И
N A V A D T E P V I A A U S R O
T U S A K I H M A L V V T O A G
E V E P V U U A Z B F A H B Ž C
P L A F O N H L U I P T M A A L
D S L E R E I I A B L R P G J S
J U T D K E B L N B T S O C M R
G V E V R R N M Y J P I R Z A P
G S M I K B Y Z O V A C F U O S
V S V B A C M O G R A D E H H R
O G L E D A L O O T E P I H A R
K F M Z Y O N G R P O E K U Y C
```

METLA

BIBLIOTEKE

SOBA

KAMIN

TASTERI

OGRADE

KUHINJA

TUŠ

PROZOR

GARAŽA

TAVANU

BAŠTA

LAMPA

OGLEDALO

ZID

PLAFON

VRATA

ZAVESE

TEPIH

KROV

79 - Légumes

```
B H D F L A I H B D S J U N Y R
T U A S L P Y B T R I B M U Đ O
Ć A N A P S A R O R O R V E И B
C K I D S T L H A O P K P R A E
C U L H E K O Č I T R A O E S L
P H S G F V U I F K M N I L O I
A F A P A B E D O V M L P E I L
R N M P K H L U K I R M E C T U
A A U P Š D K M V C M I Y A S K
D Ž P Š A L O T I A И R F V K U
A D Z B R Š A R G A R E P A S P
J I A P G E R E P A G N M T A D
Z L A R H M P G L J I V A S L A
C T Z V G P E D A A C T H A A G
G A L J И C И G S Y P J F R T F
E P U D I H M L O V G D H K A J
```

BELI LUK
ARTIČOKE
PATLIDŽAN
BROKOLI
ŠARGAREPA
CELER
GLJIVA
BUNDEVE
KRASTAVAC
ŠALOT

SPANAĆ
ĐUMBIR
REPA
LUK
MASLINA
PERŠUN
GRAŠKA
ROTKVICA
SALATA
PARADAJZ

80 - Famille

```
G J V Z S M P A M P I M O J F N
K P H И P A R C A T O U R O I E
Z И P B U J E Z J O F Ž T Y M Ć
K N A B A Č D C K Č U J A K H A
S F R P N I A N A I H B A D D K
O U A Z F N K E R N И A D H E F
A G P Y D S H Ć T S R A E Z T И
B A C R N K N A S K C E T P I A
K R B A U E M K E E Y D E S N Y
P E A R N G P I S B D E C A J K
M O D T E A A N A T A T A K S O
R J E P C H H J E R K K B T T V
U C D J C E K A Đ O R K A E V A
B F Y K Z S Z A E A E F H T A R
S P A P Z P L И R T Ć R P Y K G
O P E A Y A R M I N P T H H J И
```

PREDAK
ROĐAK
DETINJSTVA
DETE
DECA
SUPRUGA
ĆERKA
BRAT
BAKA
DEDA

MUŽ
MAJČINSKE
MAJKA
NEĆAK
NEĆAKINJA
UJAK
OČINSKE
OTAC
SESTRA
TETKA

81 - Oiseaux

```
P V B P Y J T V И P O Z U L J P
A B R K I P L G M M I R L I A A
I T N A P E L I K A N D A P J T
S N C C N P A U N D O U P O E K
G M H I B A L A A O R Y T Z K A
И N I V G N I P J R E P G C U V
H A J A J N H A N H H I A F S И
Z Y G K L A B U D O M L L P И D
P U B U L O G M F A J E E B M J
K A K K S U J P C E V A B J S I
G U S K A H S A V R A P C A И S
F L A M I N G O T U K A N I R A
E N I A U И A И T A C K H C A F
R B E L I V I L L Z T E M Y U E
H J B C P M A L A Y P I G O M K
P A P A G A J S O P U U P Y S T
```

ORAO	PINGVIN
NOJA	VRAPCA
PATKA	GALEB
RODA	JAJE
GOLUB	GUSKA
VRANA	PAUN
KUKAVICA	PAPAGAJ
LABUD	PELIKAN
FLAMINGO	PILE
HERON	TUKAN

82 - Disciplines Scientifiques

```
G A B I O H E M I J E P S N L V
B E J I M O N O R T S A J E I H
O H O N I M E H A N I K E U N E
T P E L S M L D N O J A H R G M
A A K K O T U Y L E O T A O V I
N C I P V G V N O L T M B L I J
I B M A B Z I E O Z K E F O S E
K K A V U I R J O L G J U G T M
E M N H B I V I E B O I D I I V
P S I H O L O G I J E G V J K B
И A D N A A L O Y G C O I E E A
O R O Z K I Z L S Z A L L J L M
R H M E J I G O L O R O E T E M
P F R Z V E A K S J P I P N U H
I U E L L B H E U T H B M L A G
M I T N M I N E R A L O G I J A
```

ASTRONOMIJE
BIOHEMIJE
BIOLOGIJE
BOTANIKE
HEMIJE
EKOLOGIJE
GEOLOGIJE
IMUNOLOGIJE

LINGVISTIKE
MEHANIKE
METEOROLOGIJE
MINERALOGIJA
NEUROLOGIJE
PSIHOLOGIJE
TERMODINAMIKE

83 - Maladie

```
A D K G Z T B P V T J E И J P I
N M O R D N I S S E N L L E V M
R N S M R A G A И L N O I N U U
O E N L A B M U L O T T K Ć I N
T D A S V A K F J E G E K U U I
A R P T L L Z O P F R L O L P T
R B B R J S S V N E D G V P A E
I C P U E R S P A Z K E I O L T
P N T P Š G E N E T S K E J U T
S A F C O N J И T B K И C R E B
E E R G F A J I T A P O R U E N
R P R Z B Y A A R I I T S P B R
H R O N I Č N E C C I Z E T И Z
Z A R A Z N E E L I J P K C I K
N A S L E D N E T E R A P I J A
V T A U Z Z И S R F U Z R I Z B
```

TRBUŠNJACI   IMUNITET
ALERGIJE   UPALU
VELLNESS   LUMBALNE
HRONIČNE   NEUROPATIJA
ZARAZNE   KOSTI
TELO   PLUĆNE
SRCE   RESPIRATORNA
SLAB   ZDRAVLJE
GENETSKE   SINDROM
NASLEDNE   TERAPIJA

84 - Univers

```
A S T R O N O M I J E H I A Z I
G A L A K S I J A T O H H J G A
K O S M I Č K E T D V R B I H F
S I T C Y E T C G V M P B C I U
U A A P H A F F A A L A E I O D
R O T A V K E N R A L O S T T H
S K B O И J E G J D F P S Y U
T E L E S K O P P C R D Y L S I
Z R D H N A S T E R O I D O F H
O E V I J L D I V A K L V S T N
D F P M A H A R E F S O M T A I
I S C Y E O I L И M E Z P M V
J I O P И S A N T S B Z P L A V
A M R M J L E M N P E E R D T Y
K E N T A Z M C M O N O R T S A
A H H O R I Z O N T N A G I B T
```

ASTEROID	HORIZONT
ASTRONOM	NAGIB
ASTRONOMIJE	MESEC
ATMOSFERA	TAMA
NEBESKO	ORBITU
NEBO	SOLARNE
KOSMIČKE	SOLSTICIJA
EKVATOR	TELESKOP
GALAKSIJA	VIDLJIVE
HEMISFERE	ZODIJAKA

85 - Géographie

```
E R O M I B F Z O O P G L M И U
N K J U G T N E N I T N O K T N
I P V P A P A M K И S V V И E S
N K L A R I E L P E Y A R R R I
A U D E T U K J Y A R S T L I K
L P N Z P O O U A J E O S K T P
P S M N R K R T O O V B O A O D
E J P E R E F S I M E H O И R Z
И D E A R M P K M O S O D F I I
L K И S P I U S G D L N E S J A
G T S G L P D A R G D J I F E H
T G V P I V A I H H B R R J B L
I E E L L И P N J T O Z A P E N
B D T U T S A L T A N O I G E R
U E M K N S Z M V E N H F B A C
B A Z R I V I S I N U J T L P G
```

VISINU
ATLAS
MAPA
KONTINENT
EKVATOR
REKE
HEMISFERE
OSTRVO
MORE
MERIDIJAN

SVET
PLANINE
SEVER
OKEAN
ZAPAD
ZEMLJU
REGIONA
JUG
TERITORIJE
GRAD

86 - Bâtiments

```
B M A P U I G K O G A Z Z C B E
I I J O F F P B P A M И A Z I A
O J I Z P T O F S R B A P M O R
S P R O H R S K E A A D T D A L
K O O R A B M A R Ž S A N Z M K
O K T I T H F Z V A A U K H Y O
P U A Š И L И E A K D T A V U C
K L R T J C N A T S E Š A T O R
P A O E H L U T O M T H Y M S T
K A B I N E F И R U A A A E A E
N V A D E T L G I Z F V D N A B
L K L Š K O L A J E M E E I Y M
И У H G N H Y B E J P F C A O E
S U P E R M A R K E T A T D A N
U R B J U N I V E R Z I T E T A
B O L N I C A F A B R I K E O M
```

AMBASADE
STAN
KABINE
ZAMAK
BIOSKOP
ŠKOLA
GARAŽA
AMBAR
BOLNICA
HOTEL

LABORATORIJA
MUZEJ
OPSERVATORIJE
STADION
SUPERMARKETA
ŠATOR
POZORIŠTE
KULA
UNIVERZITET
FABRIKE

87 - Activités et Loisirs

```
O K O Š A R K U B И M J T M K Z
G P U F E L I K A P J H E P N Y
K U U K O I L I O A B N N F A G
C M C Š V V O L O B I R I D A O
B E B F T Z B S J T P I S C M D
O T E H S A Z P U T O V A T I B
K N F O N E J N A V O F R U S O
S O U B A J E U P M Y D E A P J
M S D I V N B K Ć L G J A Z F K
T T B J O A E U И E I G C B K A
A D A E T V Y V E N Y V O E H O
F S L F Š O D Y T P F F A L T M
U I S A A P K A E A P T P N F V
S E D A B M R O N J E N J E J Z
E J N E R A N I N A L P A C K E
И N P D D K C T V M F I A Z F O
```

UMETNOST	SLIKU
BEJZBOL	RIBOLOV
KOŠARKU	RONJENJE
BOKS	PLANINARENJE
KAMPOVANJE	OPUŠTAJUĆE
FUDBAL	SURFOVANJE
GOLF	TENIS
BAŠTOVANSTVO	ODBOJKA
PLIVANJE	PUTOVATI
HOBIJE	

88 - Livres

```
R E L E V A N T N O R O M A N A
S E R I J A A T S K E T N O K U
E K J A F P И V F T T R J R N T
T S A I A D V J A P R L S B A O
R P N F Z R A P Y N Z A P D R R
A E A D L E S I L L T D N M A H
G B M U M N O P F H K U A A T F
I K O H I V R P B U S A R P O P
Č P P O H E K P H J R И N A R И
N E E V T Ž K O L E K C I J A Z
E S K I I I A P S O A G A A V E
U M L T Z J P B H L G F J A L A
Č A T I Č N I S T O R I J S K I
P R I Č A K D V O J N O S T Z L
I N V E N T I V N I S A И T M P
F K M G F A F Y S A H И Y I И P
```

AUTOR
AVANTURA
KOLEKCIJA
KONTEKST
DVOJNOST
EPSKE
PRIČA
ISTORIJSKI
DUHOVIT
INVENTIVNI

ČITAČ
KNJIŽEVNE
NARATOR
STRANA
RELEVANTNO
PESMA
POEZIJE
ROMAN
SERIJA
TRAGIČNE

89 - Pays #2

```
E N O J H S L P I A H S T L A P
K P T I V H M A O H A R Z O F O
L M Z P G S N A T S I K A P G P
S J Y K Y M A M Y Z T Z S V K J
F S N R E I P N E A I L P N C S
B И R P L N A N I K J K E A A J
S O M A L I J E J I S H F B A D
U O S C E D U E A N P I S I L S
K A A J I N E K M D M N K L B I
R P K L R A Z S A O O I K O A R
A Y S Z U G T U J N A D U S N I
J G R P S U P C K E G B E K I J
I H I P I A S N A Z C A A P J E
N R E N J D D A Z I G S P E A T
A O M O A H Z R S J И A C A Y I
U M J И E M D F L A O P V F D И
```

ALBANIJA	LAOS
KINA	LIBAN
DANSKA	MEKSIKO
FRANCUSKE	UGANDI
HAITI	PAKISTAN
INDONEZIJA	RUSIJA
IRSKA	SOMALIJE
JAMAJKA	SUDAN
JAPAN	SIRIJE
KENIJA	UKRAJINA

90 - Fournitures d'Art

```
A C K K U L J E N Z N E Y K U P
Č K L C A P Z U P H H K Z U Z A
E A R I A И P B M O L S L P Z S
T L A I O G U M I C A T A E J T
K A P E L R D R K L M O R K J E
E T A E I I J Z V E A L V V I L
O S B K T A M E R A I S O P A
A P B P S G T D Z M A C C L A A
A A E A A F S V O Z D A D O V Y
B E J P M K R E A T I V N O S T
J O Y I N J N U G A L J S J P I
L T J R D I R P O H Z T T I G L
N S E E A U J A J H F O I D P V
A K V A R E L I N N E T T E F J
A И R P S O M P J A B H C J И N
R N D H M A I P M Z N M F E A P
```

AKRIL   OLOVKE

AKVARELI   KREATIVNOST

KLEJ   VODA

ČETKE   MASTILO

KAMERA   GUMICA

STOLICA   ULJE

UGALJ   IDEJE

STALAK   PAPIR

LEPAK   PASTELA

BOJE   STO

91 - Eau

```
O J C K Z Z A M D L L K A B G B
K E C R A H H R D O Z R T H U B
E Z L E R N A G A R U J D T И H
A E L K M U A D V L A G E Š I K
N R G E N S И L T L J Z L D K Z
A O P E J N A V A J N D O V A N
A A A N J O P O P L A V A D R E
M C R Ž I M T B L F V Y Y N Y A
A C E A P C A S R D A N E P C Z
O M I L J V L S L T R I Z J E G
E M S V S F A O Z M A T D F G N
L Z И U F U S R U E P A R L O Y
O J M U G D A C B G S Z T K A A
N A T O P L J E N E I P P U I F
V I M D H S U J B K P A M C Š U
R M S P F P T A J A И P G U D L
```

KANAL
TUŠ
ISPARAVANJA
REKE
MRAZ
GEJZIR
LED
VLAŽNE
VLAGE
POPLAVA

NAVODNJAVANJE
JEZERO
MONSUN
SNEG
OKEANA
URAGAN
KIŠE
NATOPLJENE
TALASA
PARE

92 - Jazz

```
S I T A N K B U J Y M N N G T G
P O Z N A T Y M U B L A S И A R
R R H N R I V E J N B U B A L G
K G A P A P P T P T N N B P E B
F U P V T K I N E D B O G J N U
C V A T S A S I C U H L V C A И
R C T I E T R K P B A O O A T K
O L J I K A I A D S L S V T I S
T E D T R C S L S T A R I I A E
I M P R O V I Z A C I J E R N M
Z B B E G T M M C M И E O O C F
O I H C R I T A M T U И S V R G
P P A N R N L U R E I Z M A И E
M Z P O P E S M A U G R I F Y S
O C A K I N H E T D N H H K S P
K P V B B Y Ž A N R A Z C И A S
```

ALBUM
UMETNIK
POZNAT
PESMA
KOMPOZITOR
SASTAV
KONCERT
FAVORITA
ŽANR
IMPROVIZACIJE

MUZIKA
NOVA
ORKESTAR
RITAM
SOLO
STIL
TALENAT
BUBNJEVI
TEHNIKA
STARI

93 - Paysages

```
P  C  G  R  H  G  P  J  R  T  A  H  A  N  H  P
S  L  D  V  U  E  U  U  E  I  R  R  R  H  R  A
M  F  A  E  S  J  S  C  Č  Z  V  Y  A  B  P  N
S  K  O  Ž  D  Z  T  И  E  И  E  И  V  Z  O  R
G  L  S  U  A  I  I  R  L  L  S  R  Č  И  L  L
H  E  E  U  K  R  N  E  G  P  A  M  O  P  U  O
E  Y  V  D  K  Z  J  K  M  H  P  B  M  T  O  G
D  O  U  A  E  E  I  E  R  H  И  O  P  U  S  A
V  N  L  P  M  N  F  E  L  O  U  A  F  N  T  V
L  И  K  O  M  U  O  M  E  A  Ć  Š  U  D  R  J
P  C  A  D  A  V  D  G  C  Z  P  T  P  R  V  B
B  I  N  O  M  B  R  H  B  E  C  J  A  E  O  V
F  Y  U  V  R  Z  B  H  P  R  P  E  Ć  I  N  E
T  F  K  F  O  S  T  R  V  O  E  M  O  R  E  P
P  L  A  N  I  N  E  L  I  A  J  G  P  R  P  H
D  O  L  I  N  I  P  H  N  C  H  A  A  L  G  I
```

VODOPAD	JEZERO
BRDO	MOČVARA
PUSTINJI	MORE
UŠĆA	PLANINE
REKE	OAZE
GEJZIR	POLUOSTRVO
GLEČER	PLAŽA
PEĆINE	TUNDRE
LEDENOG BREGA	DOLINI
OSTRVO	VULKAN

94 - Pays #1

```
A K S J L O P P J J K J L P D A
R И B R A Z I L A E И Y G Z N B
G C L A L E U C E N E V M И U J
E N E B S L T F И L A I U A S L
N U A K S N I F I C P M S R L H
T A R A V G A R A K I N A N E I
I V Z M A A J I B I L J U O Š N
N G И L D D I N D I J A R P I И
A A C A E A V O K O R A M V A P
И N V N Y N J C R I R S C E N I
T I T И I A I M N Z U H S Š I L
M S A O K K V N B U Z A Y K J I
I T P H I P C U A O H V A A A F
P A R U M U N I J A K Č A M E N
N N V O L Z P S O B Y L I P И N
B Z F F H V A Y M A P J C D B R
```

AVGANISTAN
NEMAČKA
ARGENTINA
BRAZIL
KANADA
ŠPANIJA
EKVADOR
FINSKA
INDIJA
IZRAEL

LIBIJA
MALI
MAROKO
NIKARAGVA
NORVEŠKA
PANAMA
FILIPINI
POLJSKA
RUMUNIJA
VENECUELA

95 - Nombres

```
P T T S E A N S E Š R R L Y Y N
O D S S E D A M N A E S T O D И
F T E S E D A V D L V E E S V V
P N Š L B A E C E U B I V A A P
J D Y P I Z N M Y N K F E M G A
D N E И K J G T E P I R D R A N
C U S S K R T S E A N M A S O U
G P T E E P Z E Z V P L V A A K
U M R A D T D A E H E N U A U L
A I I S T A G N P N T D N T A B
O I R P I E M R T R I N A E S T
S D I D K E B T D V A N A E S T
E I T Z P C A E P E T N A E S T
R M E R A T Y Č O N E U B A И C
P D Č D E C I M A L N E F U Z K
U C J M A R B L И P I L J I U F
```

PET   ČETRNAEST
DVA   ČETIRI
DECIMALNE   PETNAEST
DESET   ŠESNAEST
OSAMNAEST   SEDAM
DEVETNAEST   ŠEST
SEDAMNAEST   TRINAEST
DVANAEST   TRI
OSAM   DVADESET
DEVET   NULA

96 - Psychologie

```
P  P  R  O  B  L  E  M  S  P  C  Y  P  K  P  R
A  O  T  E  R  A  P  I  J  A  K  J  R  E  G  O
S  L  D  K  V  A  F  S  M  A  P  H  O  A  K  I
A  V  T  S  J  N  I  T  E  D  G  I  C  I  G  S
N  P  И  T  V  A  Y  J  J  M  U  E  E  K  P  K
E  E  F  A  L  E  A  S  N  V  O  T  N  F  N  U
S  R  D  P  C  N  S  I  A  I  M  C  A  I  A  S
V  C  F  H  I  U  O  T  Š  S  S  V  I  A  C  T
E  E  P  S  D  B  И  S  A  A  T  Z  И  J  H  V
S  P  B  I  E  E  V  O  N  S  G  A  A  I  A  A
N  C  O  C  J  A  N  N  O  F  S  И  N  C  B  P
O  I  C  M  E  J  F  Č  P  C  Y  И  G  A  O  Y
U  J  C  K  L  N  G  I  L  S  I  M  U  Z  K  L
N  E  F  D  H  Z  V  L  T  Z  M  И  O  N  U  F
K  L  I  N  I  Č  K  E  B  A  A  E  O  E  S  A
R  E  A  L  N  O  S  T  B  И  И  T  T  S  G  N
```

KLINIČKE	MISLI
PONAŠANJE	PERCEPCIJE
SUKOBA	LIČNOSTI
EGO	PROBLEM
DETINJSTVA	SASTANAK
ISKUSTVA	REALNOST
EMOCIJA	SNOVE
PROCENA	SENZACIJA
IDEJE	PODSVEST
NESVESNO	TERAPIJA

97 - Nature

```
P  B  P  L  E  P  O  T  A  M  S  R  G  I  A  S
D  F  Č  E  R  O  Z  I  J  E  T  O  L  P  A  V
Z  E  E  S  K  L  O  N  I  Š  T  E  E  A  A  E
L  R  L  R  B  E  S  J  A  M  U  Š  Č  R  C  T
Z  И  E  A  Z  N  R  R  A  J  Z  G  E  K  F  I
Ž  I  V  O  T  I  N  J  E  U  O  Z  R  T  B  L
L  M  V  G  P  K  A  L  G  A  M  K  T  I  Z  I
G  E  J  A  Z  P  Č  A  O  A  B  P  O  K  I  Š
L  H  C  E  Z  B  I  J  N  I  T  S  U  P  C  T
N  F  B  G  B  O  M  T  R  O  P  S  K  E  S  E
A  И  E  N  M  H  A  D  I  N  M  O  И  Ć  E  L
L  U  Z  K  Z  K  N  J  M  P  L  A  F  Š  C  Y
D  K  И  P  P  I  N  L  A  T  I  V  I  A  H
V  A  G  Z  F  D  D  F  U  V  P  N  L  L  Y  A
P  A  K  D  U  K  L  O  D  A  I  T  D  S  G  C
Z  O  B  L  A  C  I  M  A  M  И  D  B  J  B  K
```

PČELE	REKE
SKLONIŠTE	ŠUMA
ŽIVOTINJE	GLEČER
ARKTIK	OBLACI
LEPOTA	MIRNO
MAGLA	SVETILIŠTE
PUSTINJI	DIVLJA
DINAMIČAN	SPOKOJAN
EROZIJE	TROPSKE
LIŠĆE	VITALNI

98 - Chimie

```
K A R U T A R E P M E T V H K U
K A L A T E M T L A R L E R F G
I N T F B D S O M E H P V I B L
S Z M A F O P L E A K F B V O J
E Y C A L M M P D R M T V V B E
O A S Y K I N O D O V P R G I N
N O J F N Z Z T M A Y F F O V I
I Y И K E N L A K L A T H N N K
K A K I B E U И T H L O R Č M B
P И S G A D A P O G A P E O A
R A И E И C U F T E R B S T L R
I G I L R B G S I O L Y I U E P
G A S I Z M T O G G M O F C K V
J H N N P N M H O O S S R U U V
Z R T E N R A E L K U N K U L M
И P S O T E Ž I N A T P M E P P
```

KISELINE

ALKALNE

ATOMSKE

UGLJENIK

KATALIZATOR

TOPLOTE

HLOR

ENZIM

ELEKTRON

GAS

VODONIK

JON

TEČNOG

METALA

MOLEKUL

NUKLEARNE

KISEONIK

TEŽINA

SO

TEMPERATURA

99 - Bateaux

```
K P O Z D G O V A L P S N C J Z
A M D G B B K A C Z M P I S Z P
J O U A L S E M I L P O И D A J
A R O T O M A J L D M S Z H R E
K E C R P P N A I I A A J A O O
T R A J E K T H R K O D P G N L
Z P S U P Z O T D Z A E K E R И
R E A P K H E E E K P N B O V A
G D L O B R A J J O N L U R И D
N И A M O R N A R N D O Y Z Y S
S U T P J M F M A O U M K A P P
N A U T I Č K I H P M B M S K C
S A U Y C Z M D S A R E U G B N
F A D Z N S G Z N C J И F S Z K
P B R I A O A E B C J D F O И M
P M U B B G C H R G Z R Z Y C K
```

SIDRO	MORNAR
BOVA	JARBOL
KANU	MORE
KONOPAC	MOTOR
POSADE	NAUTIČKIH
TRAJEKT	OKEAN
REKE	SPLAV
KAJAK	TALASA
JEZERO	JEDRILICA
PLIME	JAHTE

100 - Mesures

```
K I L O M E T A R G H D C R P Y
I D U I M C O V S Z M G E S A M
K A U K N I G L E L L F N V I A
S C N Ž S N C I C Z L B T J A B
N G O R I D L T G N A N I Ž E T
M E T A R N P A D J N E M P P S
A T P V J Z A R U N O M E O Y C
R V A E L I Č D B A T U T A A Y
G T U Z T I N E I R J L A J A G
P N Y D H S I C N F F O R C A K
A D A N U B Z I A B F V E G N D
M D L G A H D M N H H D F E I U
N S J A I P M A R G O L I K R N
M I N U T H T L A M A A J I I A
Z F A C S S O N S S U A K Y Š O
V I S I N A V E A S E H S I B G
```

CENTIMETAR
STEPEN
DECIMALNE
GRAM
VISINA
KILOGRAM
KILOMETAR
ŠIRINA
LITAR
DUŽINA

MASE
METAR
MINUT
BAJT
UNCA
TEŽINA
INČA
DUBINA
TONA
VOLUMEN

1 - Adjectifs #2

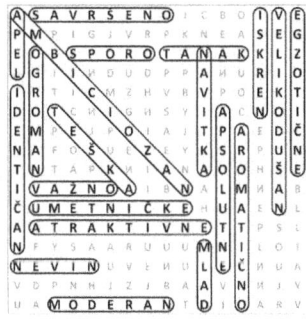

2 - Formes

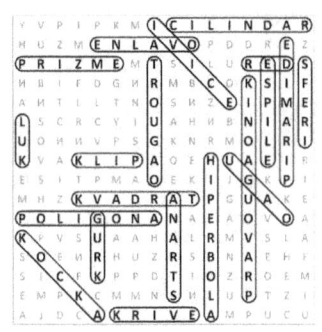

3 - Force et Gravité

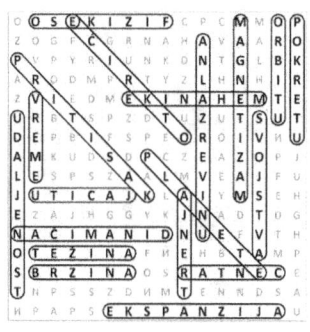

4 - Adjectifs #1

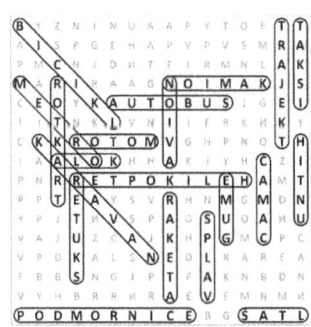

5 - Instruments de Musique

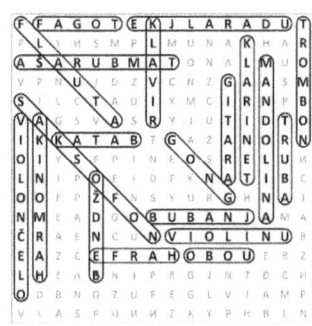

6 - Herboristerie

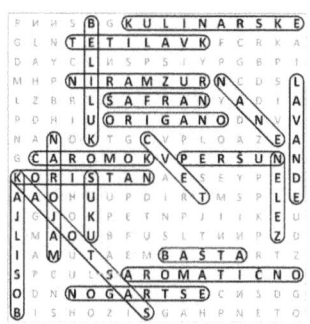

7 - Véhicules

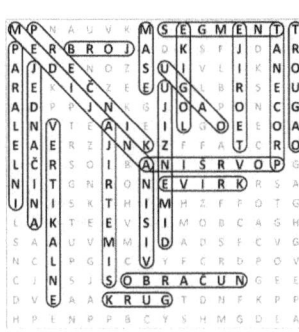

8 - Camping

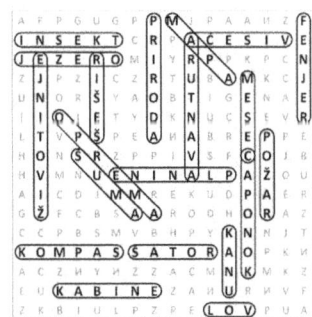

9 - Écologie

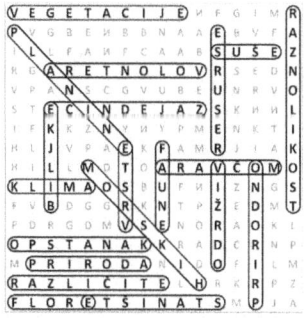

10 - Géométrie

11 - Les Médias

12 - Philanthropie

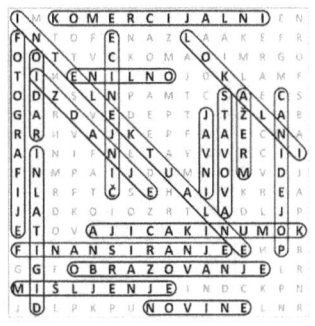

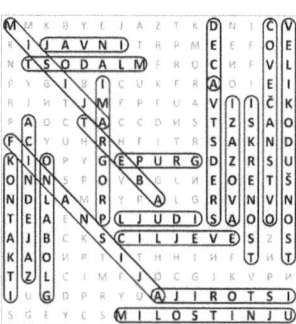

13 - Diplomatie

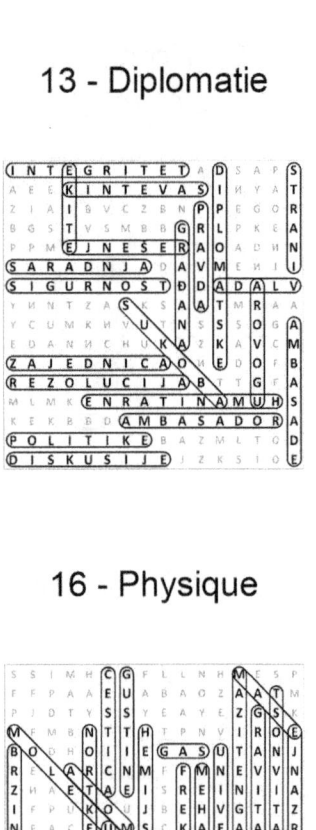

14 - Électricité

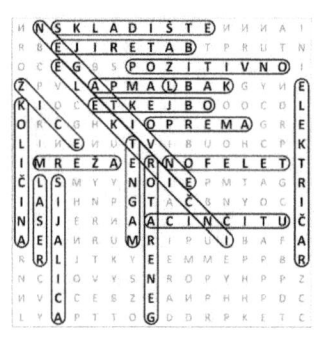

15 - Astronomie

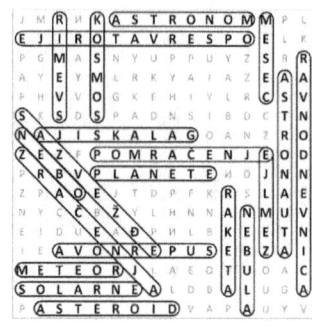

16 - Physique

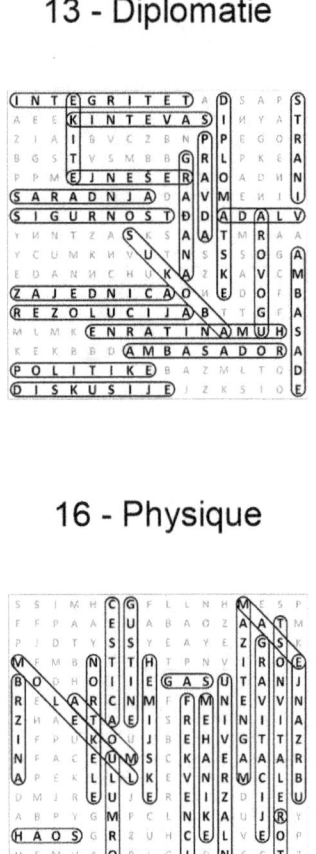

17 - Types de Cheveux

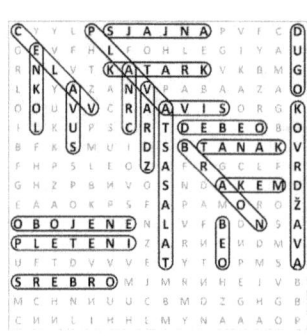

18 - Archéologie

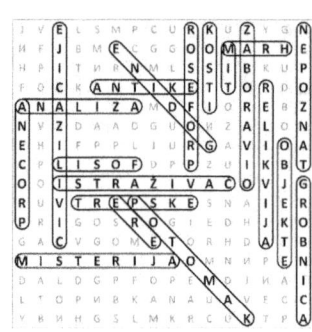

19 - Mammifères

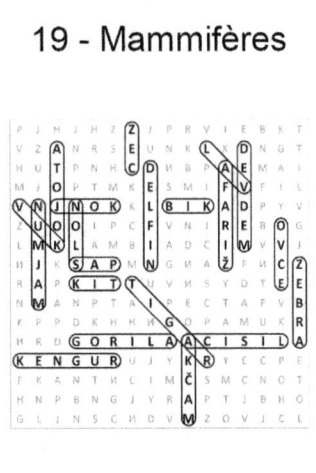

20 - Chocolat

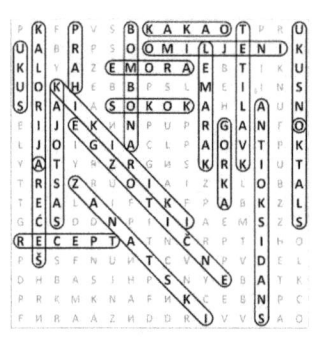

21 - Mathématiques

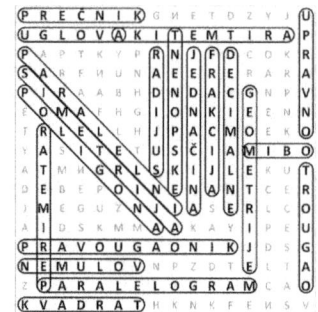

22 - Mythologie

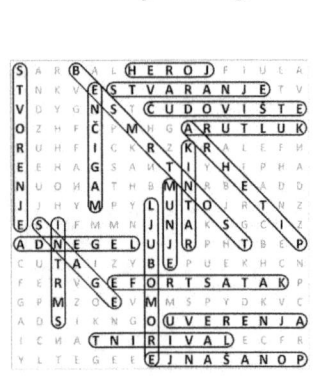

23 - Restaurant #2

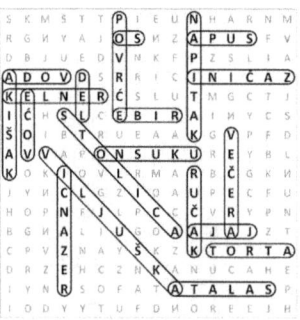

24 - Beauté

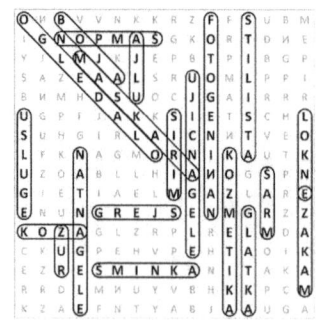

25 - Avions

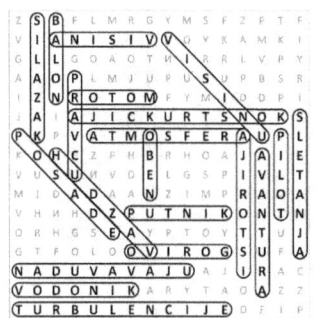

26 - Aventure

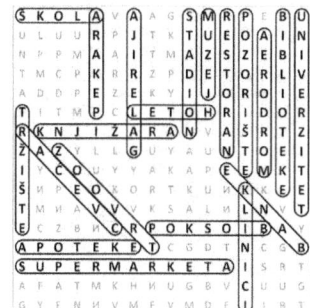

27 - Ville

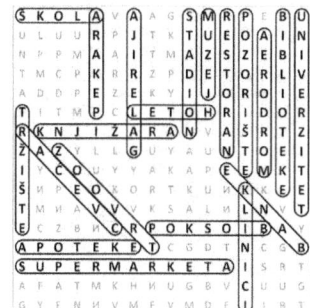

28 - Ingénierie

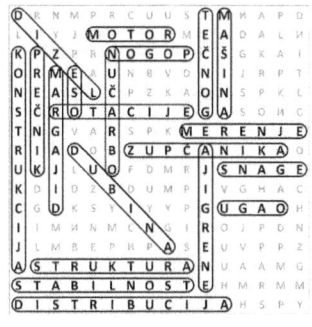

29 - Énergie

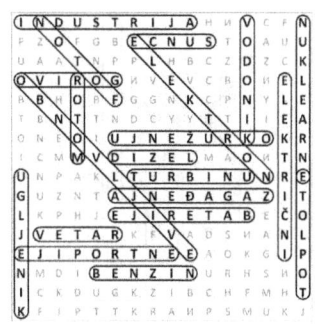

30 - Cuisine

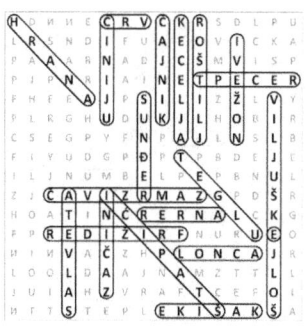

31 - Corps Humain

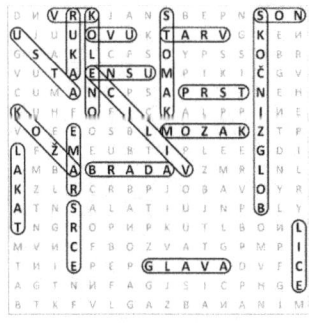

32 - Biologie

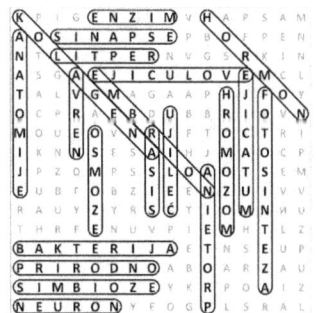

33 - Épices

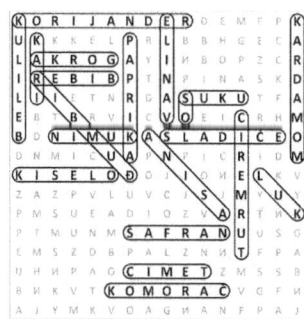

34 - Agronomie

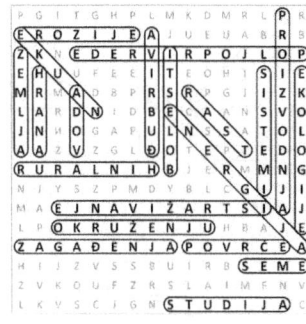

35 - Science

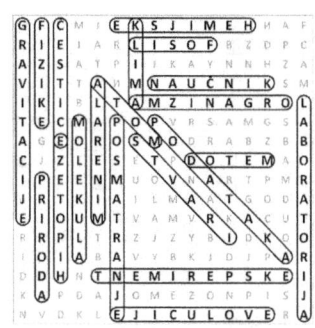

36 - Vêtements

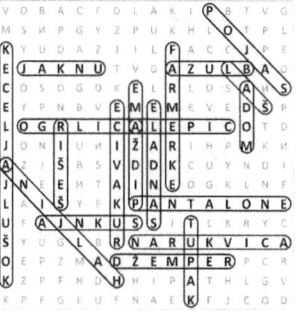

37 - Arts Visuels

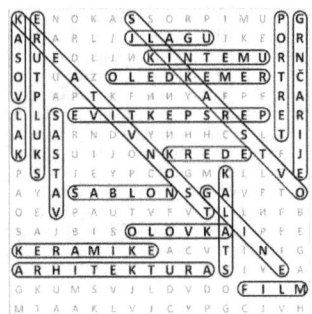

38 - Méditation

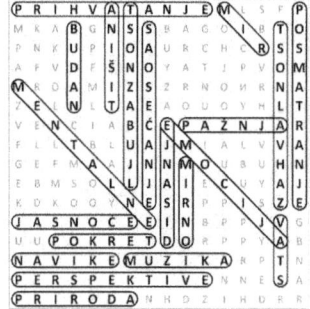

39 - Littérature

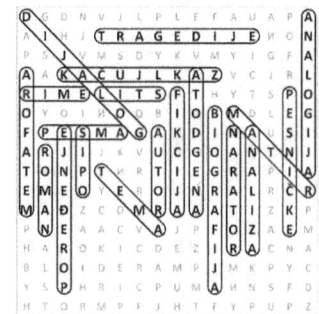

40 - Nourriture #1

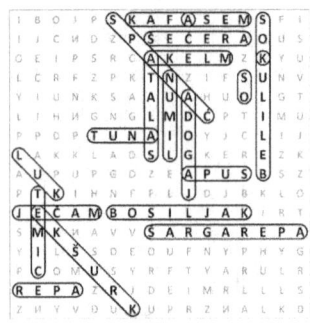

41 - Jours et Mois

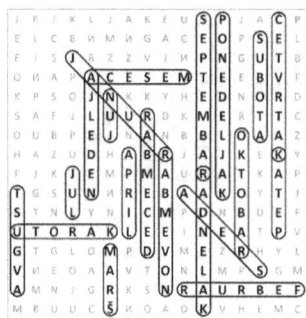

42 - Jardinage

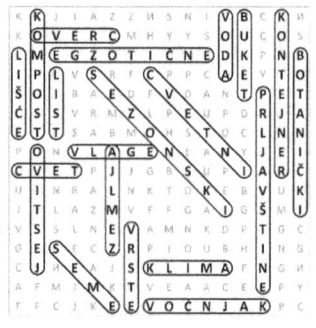

43 - Entreprise

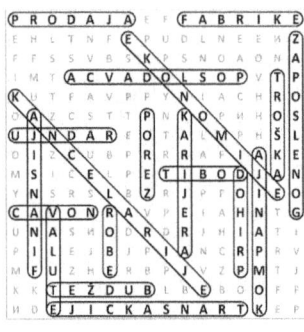

44 - Activités

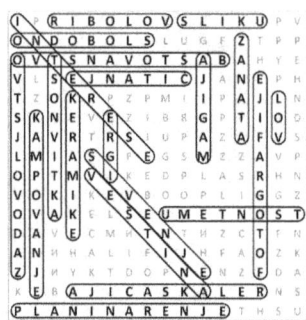

45 - Mode

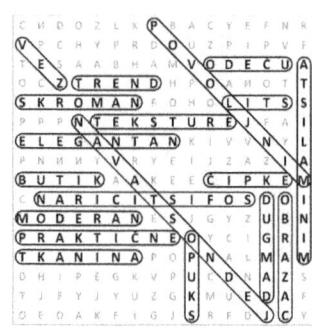

46 - Fleurs

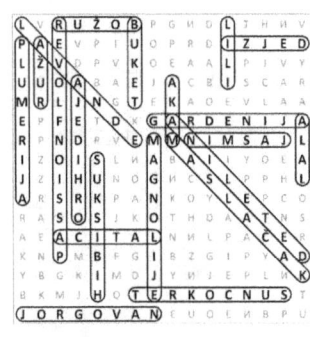

47 - Nourriture #2

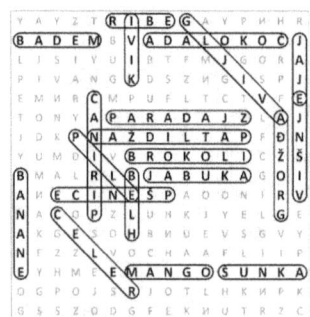

48 - Algèbre

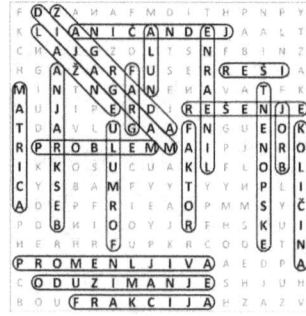

49 - Océan

50 - Antiquités

51 - Réchauffement Cli

52 - Ballet

53 - Fruit

54 - Musique

55 - Météo

56 - L'Entreprise

57 - Gouvernement

58 - Randonnée

59 - Nutrition

60 - Créativité

61 - Science Fiction

62 - Professions #1

63 - Géologie

64 - Jardin

65 - Santé et Bien Être #1

66 - Barbecues

67 - Forêt Tropicale

68 - Ferme #1

69 - Antarctique

70 - Professions #2

71 - Les Abeilles

72 - Santé et Bien Être #2

73 - Conduite

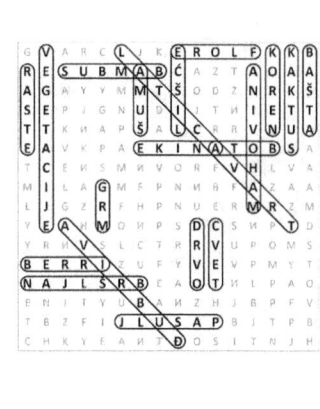

74 - Plantes

75 - Ferme #2

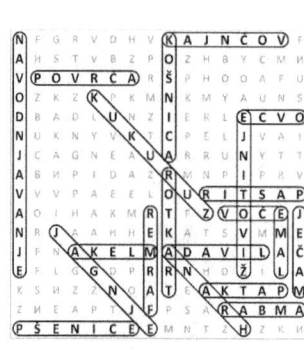

76 - Vacances #2

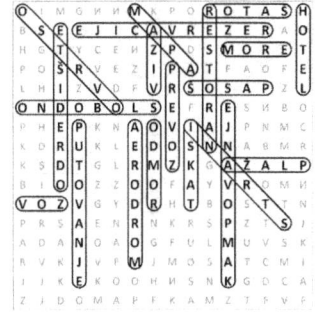

77 - Temps

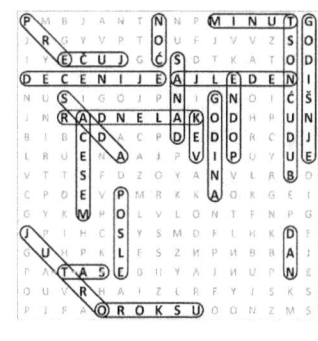

78 - Maison

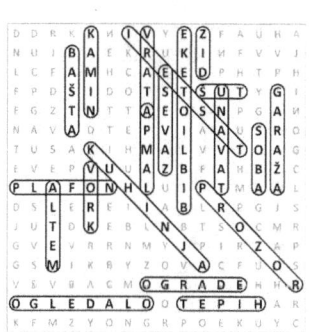

79 - Légumes

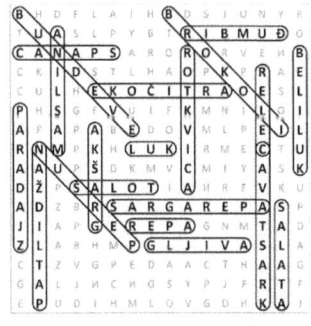

80 - Famille

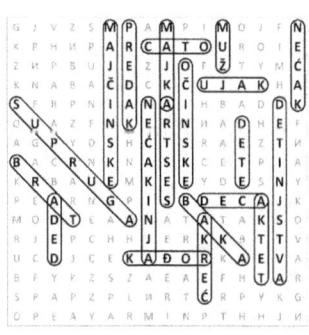

81 - Oiseaux

82 - Disciplines Scientifiques

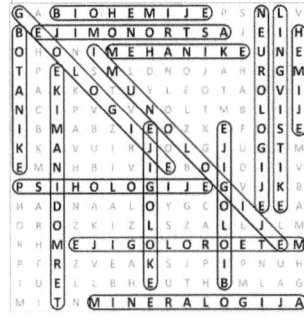

83 - Maladie

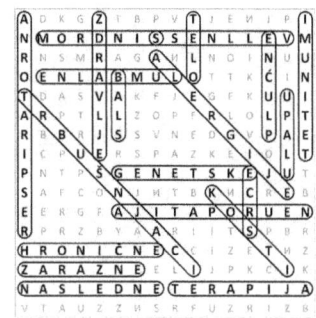

84 - Univers

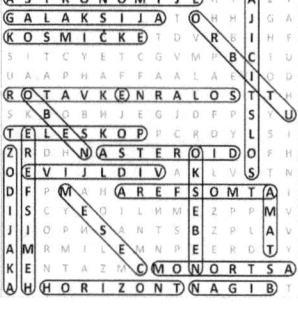

85 - Géographie

86 - Bâtiments

87 - Activités et Loisirs

88 - Livres

89 - Pays #2

90 - Fournitures d'Art

91 - Eau

92 - Jazz

93 - Paysages

94 - Pays #1

95 - Nombres

96 - Psychologie

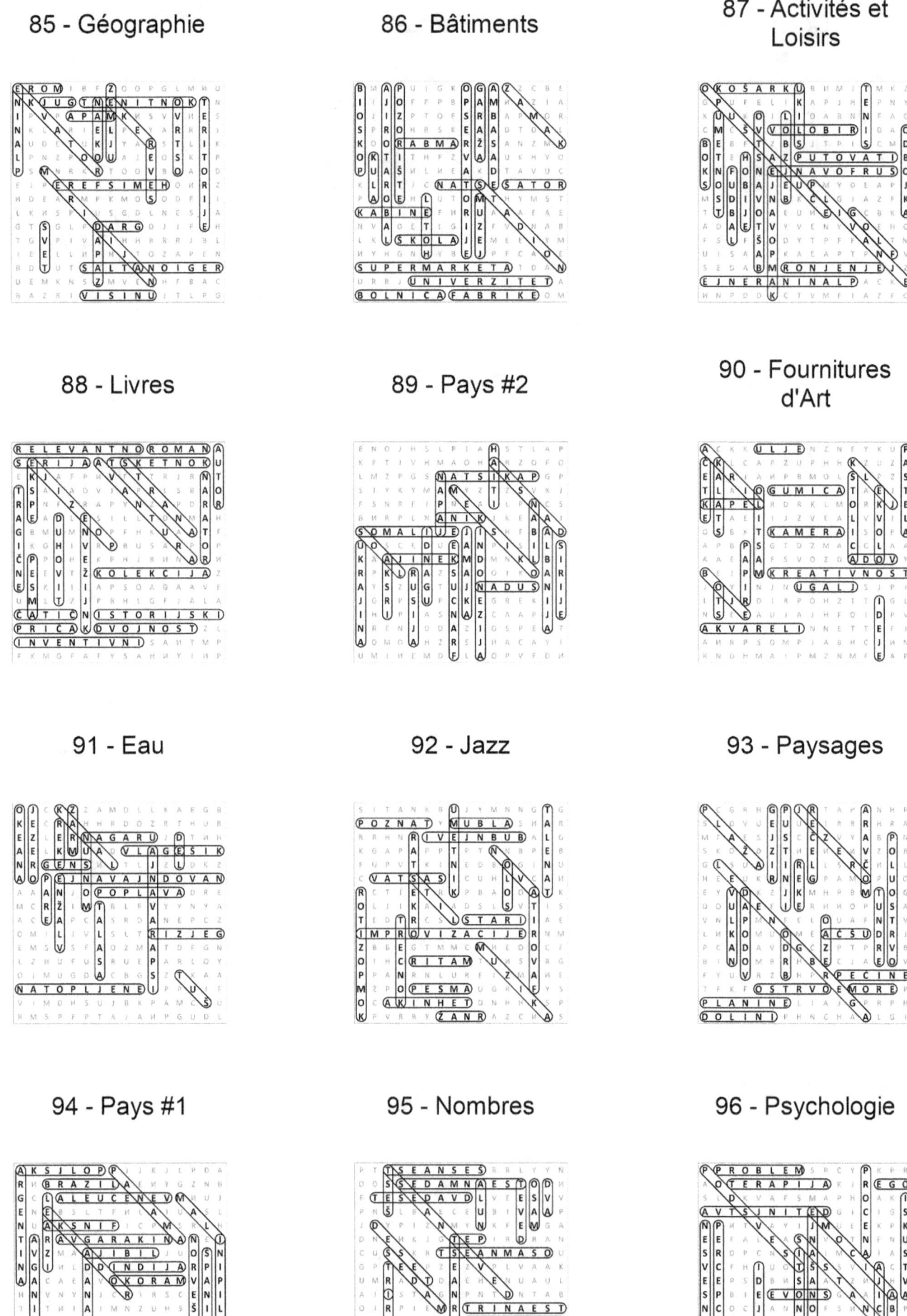

97 - Nature

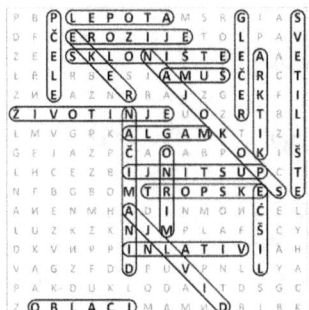

98 - Chimie

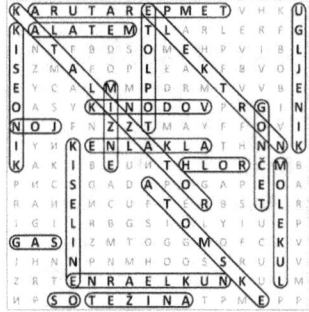

99 - Bateaux

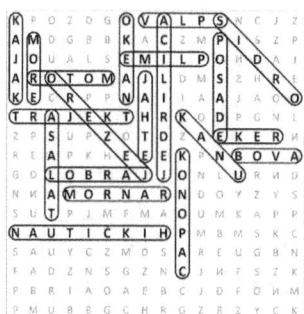

100 - Mesures

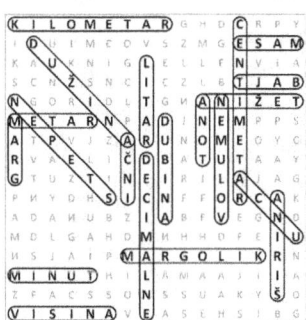

Dictionnaire

Activités
Aktivnosti

Activité	Aktivnost
Art	Umetnost
Artisanat	Zanata
Camping	Kampovanje
Céramique	Keramike
Chasse	Lov
Compétence	Veština
Couture	Šivenje
Intérêts	Interese
Jardinage	Baštovanstvo
Jeux	Igre
Lecture	Čitanje
Loisir	Slobodno
Magie	Magija
Peinture	Sliku
Pêche	Ribolov
Photographie	Fotografije
Plaisir	Zadovoljstvo
Randonnée	Planinarenje
Relaxation	Relaksacija

Activités et Loisirs
Aktivnosti i Slobodno Vr

Art	Umetnost
Base-Ball	Bejzbol
Basket-Ball	Košarku
Boxe	Boks
Camping	Kampovanje
Football	Fudbal
Golf	Golf
Jardinage	Baštovanstvo
Nager	Plivanje
Passe-Temps	Hobije
Peinture	Sliku
Pêche	Ribolov
Plongée	Ronjenje
Randonnée	Planinarenje
Relaxant	Opuštajuće
Surf	Surfovanje
Tennis	Tenis
Volley-Ball	Odbojka
Voyage	Putovati

Adjectifs #1
Придеви Бр.

Absolu	Apsolutne
Actif	Aktivan
Ambitieux	Ambiciozan
Aromatique	Aromatično
Artistique	Umetničke
Attractif	Atraktivne
Beau	Lepa
Exotique	Egzotične
Énorme	Ogroman
Généreux	Velikodušan
Honnête	Iskren
Identique	Identičan
Important	Važno
Innocent	Nevin
Jeune	Mlad
Lent	Sporo
Lourd	Teška
Mince	Tanak
Moderne	Moderan
Parfait	Savršeno

Adjectifs #2
Придеви Бр.

Authentique	Autentičan
Célèbre	Poznat
Créatif	Kreativne
Descriptif	Opisni
Doué	Nadaren
Dramatique	Dramatičan
Élégant	Elegantan
Fier	Ponosni
Fort	Jak
Intéressant	Zanimljivo
Naturel	Prirodno
Nouveau	Nova
Productif	Produktivni
Puissant	Moćan
Pur	Čista
Responsable	Odgovoran
Sain	Zdrav
Salé	Slano
Sauvage	Divlja
Sec	Suva

Agronomie
Agronomija

Agriculture	Poljoprivrede
Croissance	Rast
Eau	Voda
Engrais	Đubriva
Environnement	Okruženju
Écologie	Ekologije
Énergie	Energija
Érosion	Erozije
Étude	Studija
Graines	Seme
Légumes	Povrće
Maladies	Bolesti
Nourriture	Hrana
Pollution	Zagađenja
Production	Proizvodnja
Recherche	Istraživanje
Rural	Ruralnih
Science	Nauke
Sol	Zemlja
Systèmes	Sistemi

Algèbre
Algebra

Diagramme	Dijagram
Exposant	Eksponent
Équation	Jednačina
Facteur	Faktor
Faux	Lažne
Formule	Formulu
Fraction	Frakcija
Graphique	Graf
Infini	Beskrajna
Linéaire	Linearne
Matrice	Matrica
Nombre	Broj
Parenthèse	Zagrada
Problème	Problem
Quantité	Količina
Résoudre	Reši
Solution	Rešenje
Soustraction	Oduzimanje
Variable	Promenljiva
Zéro	Nula

Antarctique
Антарктика

Baie	Bej
Baleines	Kitova
Chercheur	Istraživač
Conservation	Očuvanje
Continent	Kontinent
Eau	Voda
Environnement	Okruženju
Expédition	Ekspedicije
Géographie	Geografije
Glace	Led
Glaciers	Glečera
Îles	Ostrva
Migration	Migracije
Minéraux	Minerala
Oiseaux	Ptice
Péninsule	Poluostrvo
Rocheux	Roki
Scientifique	Naučne
Température	Temperatura
Topographie	Topografije

Antiquités
Antikviteti

Art	Umetnost
Authentique	Autentičan
Bijoux	Nakit
Décoratif	Dekorativne
Enchères	Aukciji
Élégant	Elegantan
Galerie	Galerija
Inhabituel	Neobično
Investissement	Investicija
Meubles	Nameštaj
Peintures	Slike
Pièces	Kovanice
Prix	Cena
Qualité	Kvalitet
Restauration	Restauracija
Sculpture	Skulpture
Siècle	Vek
Style	Stil
Valeur	Vrednost
Vieux	Stari

Archéologie
Arheologija

Analyse	Analiza
Années	Godine
Antiquité	Antike
Chercheur	Istraživač
Civilisation	Civilizacije
Descendant	Potomak
Expert	Ekspert
Ère	Ere
Équipe	Tim
Évaluation	Procena
Fossile	Fosil
Inconnu	Nepoznat
Mystère	Misterija
Objets	Objekte
Os	Kosti
Oublié	Zaboravio
Professeur	Profesor
Relique	Relikvija
Temple	Hram
Tombe	Grobnica

Arts Visuels
Vizuelne Umetnosti

Architecture	Arhitektura
Argile	Gline
Artiste	Umetnik
Céramique	Keramike
Charbon	Ugalj
Chef-D'Œuvre	Remek-Delo
Chevalet	Stalak
Cire	Vosak
Composition	Sastav
Craie	Krede
Crayon	Olovka
Créativité	Kreativnost
Film	Film
Peinture	Slikarstvo
Perspective	Perspektive
Pochoir	Šablon
Portrait	Portret
Poterie	Grnčarije
Sculpture	Skulpture
Vernis	Lak

Astronomie
Astronomija

Astéroïde	Asteroid
Astronaute	Astronauta
Astronome	Astronom
Ciel	Nebo
Constellation	Sazvežđe
Cosmos	Kosmos
Éclipse	Pomračenje
Équinoxe	Ravnodnevnica
Fusée	Raketa
Galaxie	Galaksija
Lune	Mesec
Météore	Meteor
Nébuleuse	Nebula
Observatoire	Opservatorije
Planète	Planete
Radiation	Zračenja
Solaire	Solarne
Supernova	Supernova
Terre	Zemlje
Univers	Svemir

Aventure
Avantura

Activité	Aktivnost
Beauté	Lepota
Bravoure	Hrabrost
Chance	Šansa
Dangereux	Opasan
Destination	Odredište
Défis	Izazova
Difficulté	Teškoće
Enthousiasme	Entuzijazam
Excursion	Ekskurzije
Inhabituel	Neobično
Itinéraire	Program
Joie	Radost
Nature	Priroda
Navigation	Navigaciju
Nouveau	Nova
Préparation	Priprema
Sécurité	Sigurnost
Surprenant	Iznenađujuće
Voyages	Putuje

Avions
Avioni

Air	Vazduh
Altitude	Visinu
Atmosphère	Atmosfera
Atterrissage	Sletanja
Aventure	Avantura
Ballon	Balon
Carburant	Gorivo
Ciel	Nebo
Construction	Konstrukcija
Descente	Silazak
Direction	Pravcu
Équipage	Posade
Gonfler	Naduvavaju
Hauteur	Visina
Histoire	Istorija
Hydrogène	Vodonik
Moteur	Motor
Passager	Putnik
Pilote	Pilot
Turbulence	Turbulencije

Ballet
Balet

Applaudissement	Aplauz
Artistique	Umetničke
Ballerine	Balerina
Chorégraphie	Koreografija
Compétence	Veština
Compositeur	Kompozitor
Danseurs	Plesača
Expressif	Izražajan
Geste	Gest
Gracieux	Graciozan
Intensité	Intenzitet
Muscles	Mišića
Musique	Muzika
Orchestre	Orkestar
Public	Publike
Répétition	Probe
Rythme	Ritam
Solo	Solo
Style	Stil
Technique	Tehnika

Barbecues
Роштиљ

Chaud	Vruće
Couteaux	Noževi
Déjeuner	Ručak
Dîner	Večera
Enfants	Deca
Été	Leto
Faim	Glad
Famille	Porodica
Fruit	Voće
Gril	Roštilj
Jeux	Igre
Légumes	Povrće
Musique	Muzika
Oignons	Luk
Poivre	Biber
Poulet	Pile
Salades	Salate
Sauce	Sos
Sel	So
Tomates	Paradajz

Bateaux
Brodovi

Ancre	Sidro
Bouée	Bova
Canoë	Kanu
Corde	Konopac
Équipage	Posade
Ferry	Trajekt
Fleuve	Reke
Kayak	Kajak
Lac	Jezero
Marée	Plime
Marin	Mornar
Mât	Jarbol
Mer	More
Moteur	Motor
Nautique	Nautičkih
Océan	Okean
Radeau	Splav
Vagues	Talasa
Voilier	Jedrilica
Yacht	Jahte

Bâtiments
Zgrade

Ambassade	Ambasade
Appartement	Stan
Cabine	Kabine
Château	Zamak
Cinéma	Bioskop
École	Škola
Garage	Garaža
Grange	Ambar
Hôpital	Bolnica
Hôtel	Hotel
Laboratoire	Laboratorija
Musée	Muzej
Observatoire	Opservatorije
Stade	Stadion
Supermarché	Supermarketa
Tente	Šator
Théâtre	Pozorište
Tour	Kula
Université	Univerzitet
Usine	Fabrike

Beauté
Lepota

Boucles	Lokne
Charme	Šarm
Ciseaux	Makaze
Cosmétique	Kozmetika
Couleur	Boja
Élégance	Eleganciju
Élégant	Elegantan
Grâce	Grejs
Huiles	Ulja
Lisse	Glatka
Maquillage	Šminka
Mascara	Maskara
Miroir	Ogledalo
Parfum	Miris
Peau	Koža
Photogénique	Fotogeniʋan
Rouge à Lèvres	Ruž
Services	Usluge
Shampooing	Šampon
Styliste	Stilista

Biologie
Biologija

Anatomie	Anatomije
Bactéries	Bakterija
Cellule	Ćeliju
Chromosome	Hromozom
Collagène	Kolagena
Embryon	Embrion
Enzyme	Enzim
Évolution	Evolucije
Hormone	Hormon
Mammifère	Sisar
Mutation	Mutacije
Naturel	Prirodno
Nerf	Nerva
Neurone	Neuron
Osmose	Osmoze
Photosynthèse	Fotosinteza
Protéine	Proteina
Reptile	Reptil
Symbiose	Simbioze
Synapse	Sinapse

Camping
Kampovanje

Animaux	Životinje
Aventure	Avantura
Boussole	Kompas
Cabine	Kabine
Canoë	Kanu
Carte	Mapa
Chapeau	Šešir
Chasse	Lov
Corde	Konopac
Équipement	Oprema
Feu	Požar
Forêt	Šuma
Hamac	Viseća
Insecte	Insekt
Lac	Jezero
Lanterne	Fenjer
Lune	Mesec
Montagne	Planine
Nature	Priroda
Tente	Šator

Chimie
Hemija

Acide	Kiseline
Alcalin	Alkalne
Atomique	Atomske
Carbone	Ugljenik
Catalyseur	Katalizator
Chaleur	Toplote
Chlore	Hlor
Enzyme	Enzim
Électron	Elektron
Gaz	Gas
Hydrogène	Vodonik
Ion	Jon
Liquide	Tečnog
Métaux	Metala
Molécule	Molekul
Nucléaire	Nuklearne
Oxygène	Kiseonik
Poids	Težina
Sel	So
Température	Temperatura

Chocolat
Čokolada

Amer	Gorka
Antioxydant	Antioksidans
Arôme	Arome
Artisanal	Zanatski
Bonbon	Bombona
Cacahuètes	Kikiriki
Cacao	Kakao
Calories	Kalorija
Caramel	Karamel
Délicieux	Ukusno
Doux	Slatko
Exotique	Egzotične
Favori	Omiljeni
Goût	Ukus
Ingrédient	Sastojak
Noix de Coco	Kokos
Poudre	Prah
Qualité	Kvalitet
Recette	Recept
Sucre	Šećera

Conduite
Vožnja

Accident	Nesreća
Camion	Kamion
Carburant	Gorivo
Carte	Mapa
Danger	Opasnost
Freins	Kočnice
Garage	Garaža
Gaz	Gas
Licence	Licencu
Moteur	Motor
Piéton	Pešak
Police	Policija
Route	Put
Rue	Ulici
Sécurité	Sigurnost
Trafic	Saobraćaja
Transport	Prevoz
Tunnel	Tunel
Vitesse	Brzina
Voiture	Kola

Corps Humain
Ljudsko Telo

Bouche	Usta
Cerveau	Mozak
Cheville	Skočni Zglob
Cou	Vrat
Coude	Lakat
Cœur	Srce
Doigt	Prst
Estomac	Stomak
Épaule	Rame
Genou	Koleno
Lèvres	Usne
Main	Ruka
Mâchoire	Vilice
Menton	Brada
Nez	Nos
Oreille	Uvo
Peau	Koža
Sang	Krv
Tête	Glava
Visage	Lice

Créativité
Kreativnost

Artistique	Umetničke
Authenticité	Autentičnost
Clarté	Jasnoće
Compétence	Veština
Dramatique	Dramatičan
Expression	Izraz
Émotions	Emocija
Idées	Ideje
Image	Slika
Imagination	Mašte
Impression	Utisak
Inspiration	Inspiracija
Intensité	Intenzitet
Intuition	Intuiciju
Inventif	Inventivni
Sensation	Senzacija
Sentiments	Osećanja
Spontané	Spontani
Visions	Vizije
Vitalité	Vitalnost

Cuisine
Kuhinja

Baguettes	Štapići
Bol	Činiju
Bouilloire	Čajnik
Congélateur	Zamrzivač
Couteaux	Noževi
Cruche	Vrč
Cuillères	Kašike
Épices	Začini
Éponge	Sunđer
Four	Rerna
Fourchettes	Viljuške
Gril	Roštilj
Louche	Lonca
Nourriture	Hrana
Pot	Teglu
Recette	Recept
Réfrigérateur	Frižider
Serviette	Salveta
Tablier	Kecelja
Tasses	Šolje

Diplomatie
Diplomatija

Ambassade	Ambasade
Ambassadeur	Ambasador
Citoyens	Građana
Communauté	Zajednica
Conflit	Sukoba
Conseiller	Savetnik
Coopération	Saradnja
Diplomatique	Diplomatske
Discussion	Diskusije
Éthique	Etike
Étranger	Strani
Gouvernement	Vlada
Humanitaire	Humanitarne
Intégrité	Integritet
Justice	Pravda
Politique	Politike
Résolution	Rezolucija
Sécurité	Sigurnost
Solution	Rešenje
Traité	Ugovora

Disciplines Scientifiques
Naučne Discipline

Anatomie	Anatomije
Archéologie	Arheologije
Astronomie	Astronomije
Biochimie	Biohemije
Biologie	Biologije
Botanique	Botanike
Chimie	Hemije
Écologie	Ekologije
Géologie	Geologije
Immunologie	Imunologije
Linguistique	Lingvistike
Mécanique	Mehanike
Météorologie	Meteorologije
Minéralogie	Mineralogija
Neurologie	Neurologije
Physiologie	Fiziologije
Psychologie	Psihologije
Sociologie	Sociologije
Thermodynamique	Termodinamike
Zoologie	Zoologije

Eau
Voda

Canal	Kanal
Douche	Tuš
Évaporation	Isparavanja
Fleuve	Reke
Gel	Mraz
Geyser	Gejzir
Glace	Led
Humide	Vlažne
Humidité	Vlage
Inondation	Poplava
Irrigation	Navodnjavanje
Lac	Jezero
Mousson	Monsun
Neige	Sneg
Océan	Okeana
Ouragan	Uragan
Pluie	Kiše
Trempé	Natopljene
Vagues	Talasa
Vapeur	Pare

Entreprise
Biznis

Argent	Novac
Boutique	Radnju
Budget	Budžet
Bureau	Kancelarije
Carrière	Karijera
Coût	Troška
Devise	Valute
Employeur	Poslodavca
Employé	Zaposlenog
Entreprise	Kompanija
Économie	Ekonomije
Finance	Finansija
Impôts	Porez
Investissement	Investicija
Marchandise	Robe
Profit	Dobit
Revenu	Prihod
Transaction	Transakcije
Usine	Fabrike
Vente	Prodaja

Écologie
Ekologija

Bénévoles	Volontera
Climat	Klima
Communautés	Zajednice
Diversité	Raznolikost
Durable	Održiv
Espèce	Vrste
Faune	Faune
Flore	Flore
Habitat	Stanište
Marais	Močvara
Marin	Morskih
Montagnes	Planine
Nature	Priroda
Naturel	Prirodno
Plantes	Biljke
Ressources	Resurse
Sécheresse	Suše
Survie	Opstanak
Variété	Različite
Végétation	Vegetacije

Électricité
Електрична Енергија

Aimant	Magnet
Ampoule	Sijalica
Batterie	Baterije
Câble	Kabl
Électricien	Električar
Électrique	Električni
Équipement	Oprema
Fils	Žice
Générateur	Generator
Lampe	Lampa
Laser	Laser
Négatif	Negativne
Objets	Objekte
Positif	Pozitivno
Prise	Utičnica
Quantité	Količina
Réseau	Mreža
Stockage	Skladište
Téléphone	Telefon
Télévision	Televizija

Énergie
Energija

Batterie	Baterije
Carbone	Ugljenik
Carburant	Gorivo
Chaleur	Toplote
Diesel	Dizel
Entropie	Entropije
Environnement	Okruženju
Essence	Benzin
Électrique	Električni
Électron	Elektron
Hydrogène	Vodonik
Industrie	Industrija
Moteur	Motor
Nucléaire	Nuklearne
Photon	Foton
Pollution	Zagađenja
Renouvelable	Obnovljive
Soleil	Sunce
Turbine	Turbinu
Vent	Vetar

Épices
Začini

Aigre	Kiselo
Ail	Beli Luk
Amer	Gorka
Anis	Anisa
Cannelle	Cimet
Cardamome	Kardamom
Coriandre	Korijander
Cumin	Kumin
Curcuma	Turmeric
Curry	Kari
Fenouil	Komorač
Gingembre	Đumbir
Oignon	Luk
Paprika	Paprika
Poivre	Biber
Réglisse	Sladiće
Safran	Šafran
Saveur	Ukus
Sel	So
Vanille	Vanile

Famille
Porodica

Ancêtre	Predak
Cousin	Rođak
Enfance	Detinjstva
Enfant	Dete
Enfants	Deca
Femme	Supruga
Fille	Ćerka
Frère	Brat
Grand-Mère	Baka
Grand-Père	Deda
Mari	Muž
Maternel	Majčinske
Mère	Majka
Neveu	Nećak
Nièce	Nećakinja
Oncle	Ujak
Paternel	Očinske
Père	Otac
Soeur	Sestra
Tante	Tetka

Ferme #1
Фарма Бр.

Abeille	Pčela
Agriculture	Poljoprivrede
Âne	Magarac
Bison	Bizon
Champ	Polje
Chat	Mačka
Cheval	Konj
Chèvre	Koza
Chien	Pas
Clôture	Ograde
Corbeau	Vrana
Eau	Voda
Engrais	Đubriva
Foin	Seno
Miel	Med
Poulet	Pile
Riz	Pirinač
Troupeau	Jato
Vache	Krava
Veau	Tele

Ferme #2
Фарма # 2

Agneau	Jagnje
Agriculteur	Farmer
Animaux	Životinje
Berger	Pastir
Blé	Pšenice
Canard	Patka
Fruit	Voće
Grange	Ambar
Irrigation	Navodnjavanje
Lait	Mleka
Lama	Lame
Légume	Povrća
Maïs	Kukuruz
Mouton	Ovce
Nourriture	Hrana
Orge	Ječam
Pré	Livada
Ruche	Košnica
Tracteur	Traktor
Verger	Voćnjak

Fleurs
Cveće

Bouquet	Buket
Gardénia	Gardenija
Hibiscus	Hibiskus
Jasmin	Jasmin
Lavande	Lavande
Lilas	Jorgovan
Lys	Lili
Magnolia	Magnolije
Marguerite	Dejzi
Orchidée	Orhideja
Passiflore	Passionflover
Pavot	Maka
Pétale	Latica
Pissenlit	Maslačak
Pivoine	Božur
Plumeria	Plumerija
Rose	Ruža
Tournesol	Suncokret
Trèfle	Detelina
Tulipe	Lala

Force et Gravité
Sila i Gravitacija

Axe	Ose
Centre	Centar
Découverte	Otkriće
Distance	Udaljenost
Dynamique	Dinamičan
Expansion	Ekspanzija
Friction	Trenja
Impact	Uticaj
Magnétisme	Magnetizam
Mécanique	Mehanike
Mouvement	Pokretu
Orbite	Orbitu
Physique	Fizike
Planètes	Planete
Poids	Težina
Pression	Pritisak
Propriétés	Svojstva
Temps	Vreme
Universel	Univerzalna
Vitesse	Brzina

Forêt Tropicale
Rainforest

Amphibiens	Vodozemci
Botanique	Botanički
Climat	Klima
Communauté	Zajednica
Diversité	Raznolikost
Espèce	Vrste
Indigène	Autohtonih
Insectes	Insekti
Jungle	Džungli
Mammifères	Sisara
Mousse	Mahovina
Nature	Priroda
Nuage	Oblaci
Oiseaux	Ptice
Précieux	Vredne
Préservation	Očuvanje
Refuge	Utočište
Respect	Poštovati
Restauration	Restauracija
Survie	Opstanak

Formes
Oblici

Arc	Luk
Bords	Ivice
Carré	Kvadrat
Cercle	Krug
Coin	Ugao
Courbe	Krive
Cône	Klip
Côté	Strana
Cube	Kocka
Cylindre	Cilindar
Ellipse	Elipse
Hyperbole	Hiperbola
Ligne	Red
Ovale	Ovalne
Polygone	Poligona
Prisme	Prizme
Pyramide	Piramide
Rectangle	Pravougaonik
Sphère	Sferi
Triangle	Trougao

Fournitures d'Art
Umetnički Pribor

Acrylique	Akril
Aquarelles	Akvareli
Argile	Klej
Brosses	Četke
Caméra	Kamera
Chaise	Stolica
Charbon	Ugalj
Chevalet	Stalak
Colle	Lepak
Couleurs	Boje
Crayons	Olovke
Créativité	Kreativnost
Eau	Voda
Encre	Mastilo
Gomme	Gumica
Huile	Ulje
Idées	Ideje
Papier	Papir
Pastels	Pastela
Table	Sto

Fruit
Voće

Abricot	Kajsije
Ananas	Ananas
Avocat	Avokado
Baie	Berri
Banane	Banane
Cerise	Višnje
Citron	Limun
Figue	Fig
Framboise	Maline
Kiwi	Kivi
Mangue	Mango
Melon	Dinja
Nectarine	Nektarina
Orange	Pomorandža
Papaye	Papaja
Pêche	Breskve
Poire	Kruške
Pomme	Jabuka
Prune	Plam
Raisin	Grožđa

Géographie
Geografija

Altitude	Visinu
Atlas	Atlas
Carte	Mapa
Continent	Kontinent
Équateur	Ekvator
Fleuve	Reke
Hémisphère	Hemisfere
Île	Ostrvo
Mer	More
Méridien	Meridijan
Monde	Svet
Montagne	Planine
Nord	Sever
Océan	Okean
Ouest	Zapad
Pays	Zemlju
Région	Regiona
Sud	Jug
Territoire	Teritorije
Ville	Grad

Géologie
Geologija

Acide	Kiseline
Calcium	Kalcijum
Caverne	Kaverna
Continent	Kontinent
Corail	Koral
Couche	Sloj
Cristaux	Kristala
Érosion	Erozije
Fondu	Rastopljeni
Fossile	Fosil
Geyser	Gejzir
Lave	Lava
Minéraux	Minerala
Pierre	Kamen
Plateau	Plato
Quartz	Kvarc
Sel	So
Stalactite	Stalaktit
Volcan	Vulkan
Zone	Zoni

Géométrie
Geometrija

Angle	Ugao
Calcul	Obračun
Cercle	Krug
Courbe	Krive
Diamètre	Prečnik
Dimension	Dimenziju
Équation	Jednačina
Hauteur	Visina
Logique	Logike
Masse	Mase
Médian	Medijana
Nombre	Broj
Parallèle	Paralelni
Proportion	Procenat
Segment	Segment
Surface	Površina
Symétrie	Simetrija
Théorie	Teorije
Triangle	Trougao
Vertical	Vertikalne

Gouvernement
Vlade

Citoyenneté	Državljanstva
Civil	Civilni
Constitution	Ustav
Démocratie	Demokratije
Discours	Govor
Discussion	Diskusije
Droits	Prava
Égalité	Jednakost
État	Države
Indépendance	Nezavisnost
Judiciaire	Sudske
Justice	Pravda
Liberté	Slobode
Loi	Zakon
Monument	Spomenik
Nation	Nacije
National	Nacionalna
Paisible	Mirno
Politique	Politike
Symbole	Simbol

Herboristerie
Herbalizam

Ail	Beli Luk
Aromatique	Aromatično
Basilic	Bosiljak
Bénéfique	Koristan
Culinaire	Kulinarske
Estragon	Estragon
Fenouil	Komorač
Fleur	Cvet
Ingrédient	Sastojak
Jardin	Bašta
Lavande	Lavande
Marjolaine	Majoran
Menthe	Nane
Origan	Origano
Persil	Peršun
Qualité	Kvalitet
Romarin	Ruzmarin
Safran	Šafran
Saveur	Ukus
Vert	Zelen

Ingénierie
Инжењерска Уметност

Angle	Ugao
Axe	Ose
Calcul	Obračun
Construction	Konstrukcija
Diagramme	Dijagram
Diamètre	Prečnik
Diesel	Dizel
Distribution	Distribucija
Engrenages	Zupčanika
Énergie	Energija
Force	Snage
Liquide	Tečnog
Machine	Mašina
Mesure	Merenje
Moteur	Motor
Profondeur	Dubina
Propulsion	Pogon
Rotation	Rotacije
Stabilité	Stabilnost
Structure	Struktura

Instruments de Musique
Muzički Instrumenti

Banjo	Bendžo
Basson	Fagot
Clarinette	Klarinet
Flûte	Flauta
Gong	Gong
Guitare	Gitara
Harmonica	Harmonika
Harpe	Harfe
Hautbois	Obou
Mandoline	Mandolina
Percussion	Udaraljke
Piano	Klavir
Pilons	Batak
Saxophone	Saksofon
Tambour	Bubanj
Tambourin	Tamburaša
Trombone	Trombon
Trompette	Truba
Violon	Violinu
Violoncelle	Violončelo

Jardin
Гарден

Arbre	Drvo
Banc	Klupa
Buisson	Grm
Clôture	Ograde
Étang	Jezeru
Fleur	Cvet
Garage	Garaža
Hamac	Viseća
Herbe	Trava
Jardin	Bašta
Mauvaises Herbes	Korov
Pelle	Lopata
Pelouse	Travnjak
Râteau	Grablje
Sol	Zemlja
Terrasse	Terasa
Trampoline	Trampolin
Tuyau	Crevo
Verger	Voćnjak
Vigne	Vajn

Jardinage
Baštovanstvo

Botanique	Botanički
Bouquet	Buket
Climat	Klima
Comestible	Jestivo
Compost	Kompost
Eau	Voda
Espèce	Vrste
Exotique	Egzotične
Feuillage	Lišće
Feuille	List
Fleur	Cvet
Floral	Cvetni
Graines	Seme
Humidité	Vlage
Récipient	Kontejner
Saisonnier	Sezonski
Saleté	Prljavštine
Sol	Zemlja
Tuyau	Crevo
Verger	Voćnjak

Jazz
Džez

Album	Album
Artiste	Umetnik
Célèbre	Poznat
Chanson	Pesma
Compositeur	Kompozitor
Composition	Sastav
Concert	Koncert
Favoris	Favorita
Genre	Žanr
Improvisation	Improvizacije
Musique	Muzika
Nouveau	Nova
Orchestre	Orkestar
Rythme	Ritam
Solo	Solo
Style	Stil
Talent	Talenat
Tambours	Bubnjevi
Technique	Tehnika
Vieux	Stari

Jours et Mois
Dani i Meseci

Août	Avgust
Avril	April
Calendrier	Kalendar
Décembre	Decembar
Février	Februar
Janvier	Januar
Jeudi	Četvrtak
Juillet	Jul
Juin	Jun
Lundi	Ponedeljak
Mardi	Utorak
Mars	Marš
Mercredi	Sreda
Mois	Meseca
Novembre	Novembar
Octobre	Oktobar
Samedi	Subota
Semaine	Nedelja
Septembre	Septembar
Vendredi	Petak

L'Entreprise
Kompanija

Affaires	Posao
Créatif	Kreativne
Décision	Odluka
Emploi	Zaposlenje
Global	Globalno
Industrie	Industrija
Innovant	Inovativne
Investissement	Investicija
Possibilité	Mogućnost
Présentation	Prezentacija
Produit	Proizvod
Professionnel	Profesionalni
Progrès	Napredak
Qualité	Kvalitet
Ressources	Resurse
Revenu	Prihod
Réputation	Ugled
Risques	Rizici
Tendances	Trendove
Unités	Jedinice

Les Abeilles
Pčele

Ailes	Krila
Bénéfique	Koristan
Cire	Vosak
Diversité	Raznolikost
Essaim	Roj
Écosystème	Ekosistem
Fleur	Cvet
Fleurs	Cveće
Fruit	Voće
Fumée	Dim
Habitat	Stanište
Insecte	Insekt
Jardin	Bašta
Miel	Med
Nourriture	Hrana
Plantes	Biljke
Pollen	Polen
Reine	Kraljica
Ruche	Košnice
Soleil	Sunce

Les Médias
Mediji

Attitudes	Stavova
Commercial	Komercijalni
Communication	Komunikacija
En Ligne	Online
Édition	Izdanje
Éducation	Obrazovanje
Faits	Činjenice
Financement	Finansiranje
Individuel	Pojedinac
Industrie	Industrija
Intellectuel	Intelektualne
Journaux	Novine
Local	Lokalni
Numérique	Digitalni
Opinion	Mišljenje
Photos	Fotografije
Public	Javni
Radio	Radio
Réseau	Mreža
Télévision	Televizija

Légumes
Povrće

Ail	Beli Luk
Artichaut	Artičoke
Aubergine	Patlidžan
Brocoli	Brokoli
Carotte	Šargarepa
Céleri	Celer
Champignon	Gljiva
Citrouille	Bundeve
Concombre	Krastavac
Échalote	Šalot
Épinard	Spanać
Gingembre	Đumbir
Navet	Repa
Oignon	Luk
Olive	Maslina
Persil	Peršun
Pois	Graška
Radis	Rotkvica
Salade	Salata
Tomate	Paradajz

Littérature
Književnost

Analogie	Analogija
Analyse	Analiza
Anecdote	Anegdota
Auteur	Autor
Biographie	Biografija
Comparaison	Poređenje
Conclusion	Zaključak
Description	Opis
Dialogue	Dijalog
Fiction	Fikcija
Métaphore	Metafora
Narrateur	Narator
Poème	Pesma
Poétique	Pesničke
Rime	Rime
Roman	Roman
Rythme	Ritam
Style	Stil
Thème	Tema
Tragédie	Tragedije

Livres
Knjige

Auteur	Autor
Aventure	Avantura
Collection	Kolekcija
Contexte	Kontekst
Dualité	Dvojnost
Épique	Epske
Histoire	Priča
Historique	Istorijski
Humoristique	Duhovit
Inventif	Inventivni
Lecteur	Čitač
Littéraire	Književne
Narrateur	Narator
Page	Strana
Pertinent	Relevantno
Poème	Pesma
Poésie	Poezije
Roman	Roman
Série	Serija
Tragique	Tragične

Maison
Kuća

Balai	Metla
Bibliothèque	Biblioteke
Chambre	Soba
Cheminée	Kamin
Clés	Tasteri
Clôture	Ograde
Cuisine	Kuhinja
Douche	Tuš
Fenêtre	Prozor
Garage	Garaža
Grenier	Tavanu
Jardin	Bašta
Lampe	Lampa
Miroir	Ogledalo
Mur	Zid
Plafond	Plafon
Porte	Vrata
Rideaux	Zavese
Tapis	Tepih
Toit	Krov

Maladie
Bolest

Abdominal	Trbušnjaci
Allergies	Alergije
Bien-Être	Vellness
Chronique	Hronične
Contagieux	Zarazne
Corps	Telo
Cœur	Srce
Faible	Slab
Génétique	Genetske
Héréditaire	Nasledne
Immunité	Imunitet
Inflammation	Upalu
Lombaire	Lumbalne
Neuropathie	Neuropatija
Os	Kosti
Pulmonaire	Plućne
Respiratoire	Respiratorna
Santé	Zdravlje
Syndrome	Sindrom
Thérapie	Terapija

Mammifères
Sisari

Baleine	Kit
Chat	Mačka
Cheval	Konj
Chien	Pas
Coyote	Kojota
Dauphin	Delfin
Éléphant	Slon
Girafe	Žirafa
Gorille	Gorila
Kangourou	Kengur
Lapin	Zec
Lion	Lav
Loup	Vuk
Mouton	Ovce
Ours	Medved
Renard	Lisica
Singe	Majmun
Taureau	Bik
Tigre	Tigar
Zèbre	Zebra

Mathématiques
Matematike

Angles	Uglova
Arithmétique	Aritmetika
Carré	Kvadrat
Circonférence	Obim
Décimal	Decimalne
Diamètre	Prečnik
Exposant	Eksponent
Équation	Jednačina
Fraction	Frakcija
Géométrie	Geometrije
Parallèle	Paralelni
Parallélogramme	Paralelogram
Perpendiculaire	Upravno
Périmètre	Perimetar
Polygone	Poligona
Rayon	Radijus
Rectangle	Pravougaonik
Symétrie	Simetrija
Triangle	Trougao
Volume	Volumen

Mesures
Меасурементс

Centimètre	Centimetar
Degré	Stepen
Décimal	Decimalne
Gramme	Gram
Hauteur	Visina
Kilogramme	Kilogram
Kilomètre	Kilometar
Largeur	Širina
Litre	Litar
Longueur	Dužina
Masse	Mase
Mètre	Metar
Minute	Minut
Octet	Bajt
Once	Unca
Poids	Težina
Pouce	Inča
Profondeur	Dubina
Tonne	Tona
Volume	Volumen

Méditation
Meditacija

Acceptation	Prihvatanje
Attention	Pažnja
Calme	Mirno
Clarté	Jasnoće
Compassion	Saosećanje
Émotions	Emocija
Éveillé	Budan
Gentillesse	Ljubaznost
Gratitude	Zahvalnost
Habitudes	Navike
Mental	Mentalne
Mouvement	Pokret
Musique	Muzika
Nature	Priroda
Observation	Posmatranje
Paix	Mir
Perspective	Perspektive
Posture	Stav
Respiration	Disanje
Silence	Tišina

Météo
Vreme

Arc-En-Ciel	Duga
Atmosphère	Atmosfera
Brise	Povetarac
Brouillard	Magla
Calme	Mirno
Ciel	Nebo
Climat	Klima
Glace	Led
Mousson	Monsun
Nuage	Oblak
Ouragan	Uragan
Polaire	Polarni
Sec	Suva
Sécheresse	Suše
Température	Temperatura
Tempête	Oluja
Tonnerre	Grmljavina
Tornade	Tornado
Tropical	Tropske
Vent	Vetar

Mode
Moda

Abordable	Povoljnim
Boutique	Butik
Boutons	Dugmad
Broderie	Vez
Cher	Skupo
Dentelle	Čipke
Élégant	Elegantan
Minimaliste	Minimalista
Moderne	Moderan
Modeste	Skroman
Modèle	Obrazac
Original	Originalne
Pratique	Praktične
Simple	Jednostavan
Sophistiqué	Sofisticiran
Style	Stil
Tendance	Trend
Texture	Teksture
Tissu	Tkanina
Vêtements	Odeću

Musique
Muzika

Album	Album
Ballade	Balada
Chanter	Pevam
Chanteur	Pevačica
Classique	Klasične
Enregistrement	Snimanje
Harmonie	Harmonije
Harmonique	Harmonika
Instrument	Instrument
Lyrique	Lirski
Mélodie	Melodi
Microphone	Mikrofon
Musical	Muzičke
Musicien	Muzičar
Opéra	Opere
Poétique	Pesničke
Rythme	Ritam
Rythmique	Ritmičke
Tempo	Tempo
Vocal	Vokal

Mythologie
Mitologija

Archétype	Arhetip
Catastrophe	Katastrofe
Comportement	Ponašanje
Création	Stvaranje
Créature	Stvorenje
Croyances	Uverenja
Culture	Kultura
Éclair	Munje
Force	Snage
Guerrier	Ratnik
Héros	Heroj
Immortalité	Besmrtnost
Jalousie	Ljubomore
Labyrinthe	Lavirint
Légende	Legenda
Magique	Magične
Monstre	Čudovište
Mortel	Smrtni
Tonnerre	Grmljavina
Vengeance	Osveta

Nature
Priroda

Abeilles	Pčele
Abri	Sklonište
Animaux	Životinje
Arctique	Arktik
Beauté	Lepota
Brouillard	Magla
Désert	Pustinji
Dynamique	Dinamičan
Érosion	Erozije
Feuillage	Lišće
Fleuve	Reke
Forêt	Šuma
Glacier	Glečer
Nuage	Oblaci
Paisible	Mirno
Sanctuaire	Svetilište
Sauvage	Divlja
Serein	Spokojan
Tropical	Tropske
Vital	Vitalni

Nombres
Brojevi

Cinq	Pet
Deux	Dva
Décimal	Decimalne
Dix	Deset
Dix-Huit	Osamnaest
Dix-Neuf	Devetnaest
Dix-Sept	Sedamnaest
Douze	Dvanaest
Huit	Osam
Neuf	Devet
Quatorze	Četrnaest
Quatre	Četiri
Quinze	Petnaest
Seize	Šesnaest
Sept	Sedam
Six	Šest
Treize	Trinaest
Trois	Tri
Vingt	Dvadeset
Zéro	Nula

Nourriture #1
Храна Бр.

Ail	Beli Luk
Basilic	Bosiljak
Café	Kafa
Cannelle	Cimet
Carotte	Šargarepa
Citron	Limun
Épinard	Spanać
Fraise	Jagoda
Jus	Sok
Lait	Mleka
Navet	Repa
Oignon	Luk
Orge	Ječam
Poire	Kruške
Salade	Salata
Sel	So
Soupe	Supa
Sucre	Šećera
Thon	Tuna
Viande	Mesa

Nourriture #2
Храна # 2

Amande	Badem
Aubergine	Patlidžan
Banane	Banane
Blé	Pšenice
Brocoli	Brokoli
Cerise	Višnje
Céleri	Celer
Champignon	Gljiva
Chocolat	Čokolada
Jambon	Šunka
Kiwi	Kivi
Mangue	Mango
Oeuf	Jaje
Pain	Hleb
Poisson	Ribe
Pomme	Jabuka
Poulet	Pile
Raisin	Grožđa
Riz	Pirinač
Tomate	Paradajz

Nutrition
Ishrana

Amer	Gorka
Appétit	Apetit
Calories	Kalorija
Comestible	Jestivo
Diète	Dijeta
Digestion	Varenje
Épices	Začini
Équilibré	Uravnotežen
Fermentation	Fermentacije
Ingrédients	Sastojci
Liquides	Tečnosti
Poids	Težina
Protéines	Proteina
Qualité	Kvalitet
Sain	Zdrav
Santé	Zdravlje
Sauce	Sos
Saveur	Ukus
Toxine	Otrov
Vitamine	Vitamin

Océan
Okeana

Algue	Alge
Anguille	Jegulja
Baleine	Kit
Bateau	Čamac
Corail	Koral
Crabe	Kraba
Crevette	Škampi
Dauphin	Delfin
Éponge	Sunđer
Huître	Ostriga
Méduse	Meduza
Poisson	Ribe
Poulpe	Hobotnice
Requin	Ajkula
Récif	Greben
Sel	So
Tempête	Oluja
Thon	Tuna
Tortue	Kornjača
Vagues	Talasa

Oiseaux
Ptice

Aigle	Orao
Autruche	Noja
Canard	Patka
Cigogne	Roda
Colombe	Golub
Corbeau	Vrana
Coucou	Kukavica
Cygne	Labud
Flamant	Flamingo
Héron	Heron
Manchot	Pingvin
Moineau	Vrapca
Mouette	Galeb
Oeuf	Jaje
Oie	Guska
Paon	Paun
Perroquet	Papagaj
Pélican	Pelikan
Poulet	Pile
Toucan	Tukan

Pays #1
Zemlje #1

Afghanistan	Avganistan
Allemagne	Nemačka
Argentine	Argentina
Brésil	Brazil
Canada	Kanada
Espagne	Španija
Équateur	Ekvador
Finlande	Finska
Inde	Indija
Israël	Izrael
Libye	Libija
Mali	Mali
Maroc	Maroko
Nicaragua	Nikaragva
Norvège	Norveška
Panama	Panama
Philippines	Filipini
Pologne	Poljska
Roumanie	Rumunija
Venezuela	Venecuela

Pays #2
Zemlje #2

Albanie	Albanija
Chine	Kina
Danemark	Danska
France	Francuske
Haïti	Haiti
Indonésie	Indonezija
Irlande	Irska
Jamaïque	Jamajka
Japon	Japan
Kenya	Kenija
Laos	Laos
Liban	Liban
Mexique	Meksiko
Ouganda	Ugandi
Pakistan	Pakistan
Russie	Rusija
Somalie	Somalije
Soudan	Sudan
Syrie	Sirije
Ukraine	Ukrajina

Paysages
Pejzaži

Cascade	Vodopad
Colline	Brdo
Désert	Pustinji
Estuaire	Ušća
Fleuve	Reke
Geyser	Gejzir
Glacier	Glečer
Grotte	Pećine
Iceberg	Ledenog Brega
Île	Ostrvo
Lac	Jezero
Marais	Močvara
Mer	More
Montagne	Planine
Oasis	Oaze
Péninsule	Poluostrvo
Plage	Plaža
Toundra	Tundre
Vallée	Dolini
Volcan	Vulkan

Philanthropie
Добротворна Организација

Besoin	Treba
Buts	Ciljeve
Charité	Milostinju
Communauté	Zajednica
Contacts	Kontakti
Défis	Izazova
Enfants	Deca
Finance	Finansija
Fonds	Sredstva
Gens	Ljudi
Générosité	Velikodušnost
Global	Globalno
Groupes	Grupe
Histoire	Istorija
Honnêteté	Iskrenost
Humanité	Čovečanstvo
Jeunesse	Mladost
Mission	Misija
Programmes	Programi
Public	Javni

Physique
Fizika

Accélération	Ubrzanje
Atome	Atom
Chaos	Haos
Chimique	Hemijske
Densité	Gustine
Électron	Elektron
Formule	Formulu
Fréquence	Frekvencija
Gaz	Gas
Gravité	Gravitacije
Magnétisme	Magnetizam
Masse	Mase
Mécanique	Mehanike
Molécule	Molekul
Moteur	Motor
Nucléaire	Nuklearne
Particule	Čestica
Relativité	Relativnost
Universel	Univerzalna
Vitesse	Brzina

Plantes
Biljke

Arbre	Drvo
Baie	Berri
Bambou	Bambus
Botanique	Botanike
Buisson	Grm
Cactus	Kaktus
Engrais	Đubriva
Feuillage	Lišće
Fleur	Cvet
Flore	Flore
Forêt	Šuma
Grandir	Raste
Haricot	Pasulj
Herbe	Trava
Jardin	Bašta
Lierre	Bršljan
Mousse	Mahovina
Pétale	Latica
Racine	Koren
Végétation	Vegetacije

Professions #1
Професије Бр.

Ambassadeur	Ambasador
Artiste	Umetnik
Astronome	Astronom
Avocat	Advokat
Banquier	Bankar
Bijoutier	Zlatar
Cartographe	Kartograf
Chasseur	Lovac
Danseur	Plesačica
Entraîneur	Trener
Éditeur	Urednik
Géologue	Geolog
Infirmière	Sestra
Médecin	Lekar
Musicien	Muzičar
Pianiste	Pijanista
Pompier	Vatrogasac
Psychologue	Psiholog
Scientifique	Naučnik
Vétérinaire	Veterinar

Professions #2
Професије Бр.

Astronaute	Astronauta
Bibliothécaire	Bibliotekar
Biologiste	Biolog
Chercheur	Istraživač
Chirurgien	Hirurg
Dentiste	Zubar
Détective	Detektiv
Enseignant	Učitelj
Illustrateur	Ilustrator
Ingénieur	Inženjer
Inventeur	Pronalazač
Jardinier	Baštovan
Journaliste	Novinar
Linguiste	Lingvista
Médecin	Lekar
Peintre	Slikar
Philosophe	Filozof
Photographe	Fotograf
Pilote	Pilot
Zoologiste	Zoolog

Psychologie
Psihologija

Clinique	Kliničke
Comportement	Ponašanje
Conflit	Sukoba
Ego	Ego
Enfance	Detinjstva
Expériences	Iskustva
Émotions	Emocija
Évaluation	Procena
Idées	Ideje
Inconscient	Nesvesno
Pensées	Misli
Perception	Percepcije
Personnalité	Ličnosti
Problème	Problem
Rendez-Vous	Sastanak
Réalité	Realnost
Rêves	Snove
Sensation	Senzacija
Subconscient	Podsvest
Thérapie	Terapija

Randonnée
Planinarenje

Animaux	Životinje
Bottes	Čizme
Camping	Kampovanje
Carte	Mapa
Climat	Klima
Eau	Voda
Falaise	Klif
Fatigué	Umoran
Guides	Vodiči
Lourd	Teška
Météo	Vreme
Montagne	Planine
Nature	Priroda
Orientation	Položaj
Parcs	Parkova
Pierres	Kamenje
Préparation	Priprema
Sauvage	Divlja
Soleil	Sunce
Sommet	Samit

Restaurant #2
Ресторан № 2

Boisson	Napitak
Chaise	Stolica
Cuillère	Kašika
Déjeuner	Ručak
Délicieux	Ukusno
Dîner	Večera
Eau	Voda
Épices	Začini
Fourchette	Viljuška
Fruit	Voće
Gâteau	Torta
Glace	Led
Légumes	Povrće
Nouilles	Rezanci
Oeuf	Jaja
Poisson	Ribe
Salade	Salata
Sel	So
Serveur	Kelner
Soupe	Supa

Réchauffement Climatique
Globalno Zagrevanje

Arctique	Arktik
Attention	Pažnja
Climat	Klima
Crise	Krize
Développement	Razvoj
Données	Podataka
Environnemental	Ekološka
Énergie	Energija
Futur	Budućnost
Gaz	Gas
Générations	Generacije
Gouvernement	Vlada
Habitats	Staništa
Industrie	Industrija
International	Međunarodni
Législation	Zakona
Maintenant	Sada
Populations	Populacije
Scientifique	Naučnik
Températures	Temperature

Santé et Bien-Être #1
Zdravlje i Vellness #1

Actif	Aktivan
Bactéries	Bakterija
Blessure	Povreda
Clinique	Klinici
Faim	Glad
Fracture	Prelom
Habitude	Navika
Hauteur	Visina
Hormone	Hormona
Médecin	Lekar
Médicament	Lek
Muscles	Mišića
Os	Kosti
Peau	Koža
Pharmacie	Apoteke
Posture	Stav
Réflexe	Refleks
Thérapie	Terapija
Traitement	Tretman
Virus	Virus

Santé et Bien-Être #2
Zdravlje i Vellness #2

Allergie	Alergije
Anatomie	Anatomije
Appétit	Apetit
Calorie	Kalorija
Corps	Telo
Déshydratation	Dehidracije
Énergie	Energija
Génétique	Genetike
Hôpital	Bolnica
Hygiène	Higijene
Infection	Infekcije
Maladie	Bolest
Massage	Masaža
Nutrition	Ishrane
Poids	Težina
Récupération	Oporavak
Sain	Zdrav
Sang	Krv
Stress	Stres
Vitamine	Vitamin

Science
Nauka

Atome	Atom
Chimique	Hemijske
Climat	Klima
Données	Podataka
Expérience	Eksperiment
Évolution	Evolucije
Fait	Stvari
Fossile	Fosil
Gravité	Gravitacije
Hypothèse	Hipoteze
Laboratoire	Laboratorija
Méthode	Metod
Minéraux	Minerala
Molécules	Molekula
Nature	Priroda
Observation	Posmatranje
Organisme	Organizma
Particules	Čestice
Physique	Fizike
Scientifique	Naučnik

Science-Fiction
Naučna Fantastika

Atomique	Atomske
Cinéma	Bioskop
Explosion	Eksplozije
Extrême	Ekstremne
Fantastique	Fantastičan
Feu	Požar
Futuriste	Futuristički
Galaxie	Galaksija
Illusion	Iluzije
Imaginaire	Imaginarne
Livres	Knjige
Monde	Svet
Mystérieux	Tajanstven
Oracle	Proročište
Planète	Planete
Réaliste	Realno
Robots	Robota
Scénario	Scenario
Technologie	Tehnologija
Utopie	Utopije

Temps
Vreme

Année	Godina
Annuel	Godišnje
Après	Posle
Aujourd'Hui	Danas
Avant	Pre
Bientôt	Uskoro
Calendrier	Kalendar
Décennie	Decenije
Futur	Budućnost
Heure	Sat
Hier	Juče
Jour	Dan
Maintenant	Sada
Matin	Jutro
Midi	Podne
Minute	Minut
Mois	Meseca
Nuit	Noć
Semaine	Nedelja
Siècle	Vek

Types de Cheveux
Tipovi Kose

Argent	Srebro
Blanc	Beo
Blond	Plava
Boucles	Lokne
Brillant	Sjajna
Chauve	Ćelav
Coloré	Obojene
Court	Kratak
Doux	Meka
Épais	Debeo
Frisé	Kovrdžava
Gris	Siva
Long	Dugo
Marron	Braon
Mince	Tanak
Noir	Crna
Ondulé	Talasasta
Sain	Zdrav
Sec	Suva
Tressé	Pleteni

Univers
Univerzum

Astéroïde	Asteroid
Astronome	Astronom
Astronomie	Astronomije
Atmosphère	Atmosfera
Céleste	Nebesko
Ciel	Nebo
Cosmique	Kosmičke
Équateur	Ekvator
Galaxie	Galaksija
Hémisphère	Hemisfere
Horizon	Horizont
Inclinaison	Nagib
Lune	Mesec
Obscurité	Tama
Orbite	Orbitu
Solaire	Solarne
Solstice	Solsticija
Télescope	Teleskop
Visible	Vidljive
Zodiaque	Zodijaka

Vacances #2
Одмор # 2

Aéroport	Aerodrom
Camping	Kampovanje
Carte	Mapa
Destination	Odredište
Étranger	Strani
Hôtel	Hotel
Île	Ostrvo
Loisir	Slobodno
Mer	More
Passeport	Pasoš
Plage	Plaža
Restaurant	Restoran
Réservations	Rezervacije
Taxi	Taksi
Tente	Šator
Train	Voz
Transport	Prevoz
Vacances	Odmor
Visa	Viza
Voyage	Putovanje

Véhicules
Vozila

Ambulance	Hitnu
Avion	Avion
Bateau	Čamac
Bus	Autobus
Camion	Kamion
Caravane	Karavan
Ferry	Trajekt
Fusée	Raketa
Hélicoptère	Helikopter
Métro	Metro
Moteur	Motor
Navette	Šatl
Pneus	Gume
Radeau	Splav
Scooter	Skuter
Sous-Marin	Podmornice
Taxi	Taksi
Tracteur	Traktor
Vélo	Bicikl
Voiture	Kola

Vêtements
Odeća

Bracelet	Narukvica
Ceinture	Pojas
Chapeau	Šešir
Chaussure	Cipela
Chemise	Košulja
Chemisier	Bluza
Collier	Ogrlica
Foulard	Šal
Gants	Rukavice
Jeans	Farmerke
Jupe	Suknja
Manteau	Kaput
Mode	Moda
Pantalon	Pantalone
Pull	Džemper
Pyjama	Pidžame
Robe	Haljina
Sandales	Sandale
Tablier	Kecelja
Veste	Jaknu

Ville
Grad

Aéroport	Aerodrom
Banque	Banke
Bibliothèque	Biblioteke
Boulangerie	Pekara
Cinéma	Bioskop
Clinique	Klinici
École	Škola
Fleuriste	Cvećar
Galerie	Galerija
Hôtel	Hotel
Librairie	Knjižara
Marché	Tržište
Musée	Muzej
Pharmacie	Apoteke
Restaurant	Restoran
Stade	Stadion
Supermarché	Supermarketa
Théâtre	Pozorište
Université	Univerzitet
Zoo	Zoo Vrt

Félicitations

Vous avez réussi !

Nous espérons que vous avez apprécié ce livre autant que nous avons pris plaisir à le concevoir. Nous faisons de notre mieux pour créer des livres de la meilleure qualité possible.
Cette édition est conçue pour permettre un apprentissage intelligent et de qualité en se divertissant !

Vous avez aimé ce livre ?

Une Simple Demande

Nos livres existent grâce aux avis que vous publiez. Pourriez-vous nous aider en laissant un avis maintenant ?

Voici un lien rapide qui vous mènera à votre
page d'évaluation de vos commandes :

BestBooksActivity.com/Avis50

CHALLENGE FINAL !

Défi n°1

Êtes-vous prêt pour votre jeu bonus ? Nous les utilisons tout le temps mais ils ne sont pas si faciles à trouver. Voici les **Synonymes** !

Notez 5 mots que vous avez trouvés dans les puzzles notés ci-dessous (n°21, n°36, n°76) et essayez de trouver 2 synonymes pour chaque mot.

Notez 5 Mots du **Puzzle 21**

Mots	Synonyme 1	Synonyme 2

Notez 5 Mots du **Puzzle 36**

Mots	Synonyme 1	Synonyme 2

Notez 5 Mots du **Puzzle 76**

Mots	Synonyme 1	Synonyme 2

Défi n°2

Maintenant que vous vous êtes échauffé, notez 5 mots que vous avez découverts dans les Puzzles n° 9, n° 17, n° 25 et essayez de trouver 2 antonymes pour chaque mot. Combien pouvez-vous en trouver en 20 minutes ?

Notez 5 Mots du **Puzzle 9**

Mots	Antonyme 1	Antonyme 2

Notez 5 Mots du **Puzzle 17**

Mots	Antonyme 1	Antonyme 2

Notez 5 Mots du **Puzzle 25**

Mots	Antonyme 1	Antonyme 2

Défi n°3

Formidable ! Ce défi final n'est rien pour vous.

Prêt pour le dernier défi ? Choisissez 10 mots que vous avez découverts parmi les différents puzzles et notez-les ci-dessous.

1.	6.
2.	7.
3.	8.
4.	9.
5.	10.

Maintenant, composez un texte en pensant à une personne, un animal ou un lieu que vous aimez !

Astuce: Vous pouvez utiliser la dernière page de ce livre comme brouillon !

Votre Composition :

_____

_____

_____

_____

_____

_____

_____

CARNET DE NOTES :

À TRÈS BIENTÔT !

Toute l'équipe

DECOUVREZ DES JEUX GRATUITS

GO

↓

BESTACTIVITYBOOKS.COM/FREEGAMES